RELIGIONEN
VERSTEHEN

KONFUZIANISMUS

RELIGIONEN
VERSTEHEN

KONFUZIANISMUS

Jennifer Oldstone-Moore

FLEURUS
IDEE

Fleurus Idee
is an imprint of
Fleurus Verlag GmbH

Übersetzung aus dem Englischen: Thomas J. Kinne, Nauheim
Redaktion und Satz der deutschen Ausgabe: Michael Konze,
Rolf Michael Weiss, Köln
Lektorat: Petra Sparrer, Fleurus Verlag

ISBN 3-89717-347-6

Printed in Singapore

Folgende Abkürzungen werden in diesem Buch verwendet:
v. u. Z.: vor unserer Zeitrechnung (entspricht v. Chr.)
n. u. Z.: nach unserer Zeitrechnung (entspricht n. Chr.)

Abbildung Seite 2: Als Zeichen der Anbetung zünden Gläubige in einem konfuzianischen Tempel in der antiken Stadt Quanzhou Räucherstäbchen an. Der Tempelbau stammt aus der Südlichen Song-Dynastie des 12. bis 13. Jh.

INHALT

EINLEITUNG

Der Konfuzianismus ist seit vielen Jahrhunderten eine der einflussreichsten philosophischen Traditionen in China und auch heute noch ein wichtiger Bestandteil der chinesischen Kultur, flankiert von Taoismus und Buddhismus sowie der überall gegenwärtigen Volksfrömmigkeit. Der Konfuzianismus bildete nicht nur die Grundlage für Fragen der Autorität und Legitimität einer jeden Dynastie, sondern spiegelte sich auch in jenen Riten wider, mit denen der Kaiser die Harmonie zwischen Mensch und Kosmos sicherzustellen versuchte. Nicht zuletzt bei speziellen Prüfungen, die der Kaiser zur Auswahl seiner Verwaltungsbeamten durchführen ließ, war er von entscheidender Bedeutung. Zudem basieren Regeln des sozialen und ethischen Handelns auf dem Konfuzianismus. Die konfuzianische Weltanschauung verbreitete sich im Zuge von Chinas zunehmender Expansionspolitik auch in Korea, Vietnam und Japan. Im 20. Jh. gelangte der Konfuzianismus mit den vielen Menschen ostasiatischer Herkunft, die dorthin auswanderten, in den Westen. Genau wie in China bildet er auch in anderen kulturellen Zusammenhängen nur einen Teil eines ganzen Geflechts unterschiedlicher religiöser Traditionen.

Die konfuzianische Tradition begann tatsächlich bereits lange vor Konfuzius (eine latinisierte Form von *Kong Fuzi*, „Meister Kong“) und war in China als *rujia* und „Schule des

Pinselhalter eines Kalligrafen (17. Jh.), eine Darstellung der Welt mit den fünf heiligen Bergen, die für die Mitte und die vier Himmelsrichtungen stehen.

ru" bekannt, wobei *ru* „schwach" oder „nachgiebig" bedeutet. *Ru* bezeichnete auch den gelehrten Adel der Shang-Dynastie (um 1766–1050 v.u.Z.), dessen Angehörige weiterhin als Experten für *li* („Ritual", „Protokoll") galten, legten sie doch die Regeln für ein angemessenes Verhalten der Regierenden fest. Die Bereitschaft der *ru*, ihren Eroberern zu dienen, scheint zumindest teilweise durch ihre Befolgung des *li* motiviert gewesen zu sein. Im Laufe der Zeit wurde *ru* zu einer Bezeichnung für diejenigen, die die Regeln des *li* beherrschten und in Staatsdiensten standen.

Später bezeichnete *ru* dann ganz allgemein eine gebildete oder gelehrte Person. Die vielen Bedeutungsebenen des Begriffs – darunter Befolgung der Vorschriften und Regeln des *li*, moralisch vorbildliches Handeln, Loyalität dem jeweiligen Herrscher gegenüber sowie Gelehrsamkeit – fassen das zusammen, was nach konfuzianischer Tradition der Tugendkanon eines vorbildlichen Menschen beinhaltet.

Der Konfuzianismus gründet in der Vorstellung einer natürlichen Hierarchie, die den Anhängern dieser Weltanschauung als Ordnungsprinzip aller Dinge gilt. Dieses wiederum spiegelt sich in der alten chinesischen Kosmologie, für die zwei grundlegende Annahmen von entscheidender Bedeutung sind. Zum einen gehen sie davon aus, dass der Kosmos ein heiliger Ort ist, zum anderen, dass all seine Erscheinungen wechselseitig miteinander verbunden sind. Im Mittelpunkt des chinesischen Weltverständnisses steht das Bestreben, diese Heiligkeit zu bewahren, indem die Harmonie der Menschen untereinander sowie jene zwischen Mensch und Natur aufrecht erhalten wird. Dem antiken Verständnis von der Funktionsweise des Kosmos folgend, glauben die Konfuzianer, alles, was existiert, bestehe aus der gleichen Grundsubstanz, dem *qi*. Das *qi* manifestiert sich in seiner elementarsten Form in den beiden sich ergänzenden Kräften Yin und Yang. Yin bezeichnet das Dunkle, Feuchte, Träge, Trübe, Kalte, Weiche und Weibliche, Yang hingegen das Helle, Trockene, Wachsende, Klare, Warme, Harte und Männliche. Alle Dinge bestehen aus Yin und aus Yang in je unterschiedlichem Verhältnis.

Dieses Weltverständnis steht in unmittelbarem Zusammenhang mit dem Zyklus der „Fünf Phasen", der ein Erklärungsmodell für jene Vorgänge liefert, die das Wechselspiel zwischen den die Lebewesen und die Natur beherrschenden Kräften beschreiben. Die Phasen werden durch „Feuer", „Holz", „Metall", „Wasser" und „Erde" dargestellt, jedoch nicht als physische, sondern als metaphysische Größen.

Die Wirkung von Yin und Yang und die „Fünf Phasen" gelten auch als die grundlegenden Organisationsformen menschlicher Beziehungen. Wenn die Menschen den Lehren des Konfuzianismus folgen, können sie diese Beziehungen so gestalten, dass sie mit dem Kosmos harmonieren. In seiner elementarsten Form begegnet man dem hierauf beruhenden sozialen Modell in den „Fünf Elementarbeziehungen" (s. S. 55–57), vor allem in der Beziehung zwischen Eltern und Kind, die von der Ethik des *xiao*, der „kindlichen Ergebenheit" verkörpert wird, und in der Staatskunst, die von der Herrschaft eines tugendhaften Regenten über gehorsame und wissbegierige Untertanen ausgeht. Obwohl der Konfuzianismus heute nicht mehr als Staatsideologie fungiert, bildet er weiterhin ein tragendes Merkmal chinesischer Kultur.

KAPITEL EINS

URSPRÜNGE UND GESCHICHTE

Die Wurzeln des Konfuzianismus reichen bis in die Antike und damit viele Jahrhunderte vor die Geburt des Konfuzius selbst zurück. Seine Verbreitung erfolgte zunächst durch gelehrte Anhänger und entwickelte sich während der Han-Dynastie (206 v. u. Z.–220 n. u. Z.) mehr und mehr zu einem tragenden philosophisch-politischen Instrument der Staatsführung. Die neukonfuzianische Bewegung, die während der Song-Dynastie (960–1279 n. u. Z.) aufkam, erweiterte die Zielsetzung des Konfuzianismus, wobei vor allem neue Methoden entwickelt wurden, wie die Menschen Erleuchtung erlangen können.

Aufgrund der politischen und kulturellen Vorherrschaft Chinas in Ostasien hinterließ der Konfuzianismus bleibende Spuren in Japan, Vietnam und Korea, also in Gebieten, die weit vom chinesischen Kernland entfernt liegen.

LINKS: Huang Di, der Gelbe Kaiser, ist der halbmythische Urvater der Chinesen und der Begründer der chinesischen Kultur. Alte heroische Figuren wie Huang Di wurden zu Vorbildern für tugendhaftes Verhalten und Königswürde.

Die Lehren des Konfuzianismus gehen nicht auf Konfuzius selbst zurück, sondern verweisen auf sehr viel ältere Traditionen: Sie lassen sich bis in die Zeit der chinesischen Antike im Tal des Gelben Flusses (Huang Ho) zurückverfolgen, wo der Legende nach der Gelbe Kaiser (Huang Di) die chinesische Kultur begründet haben soll. Sieht man einmal von diesem Mythos ab, sind zentrale Lehren und Riten des Konfuzianismus sowie eine bestimmte religiös-politische Ordnung bereits in Zeugnissen der frühesten chinesischen Überlieferung enthalten, den Inschriften der „Orakelknochen" aus der Shang-Zeit, die bei Anyang im Nordosten Chinas gefunden wurden. Die Wahrsagerei mithilfe dieser Knochen war in der Shang-Dynastie (um 1766–1050 v. u. Z.) ein wichtiger Brauch, den das Herrscherhaus pflegte, um übernatürlichen Beistand zu erbitten: bei der Vorhersage des Wetters ebenso wie bei gesundheitlichen Problemen oder bei militärischen Entscheidungen.

Obwohl die Fragen des Orakels zuweilen an einen „Herrn im Himmel" namens Shang Di gerichtet waren, wurden meist die Ahnen angerufen, die als Quell des Segens, aber auch des Unglücks galten. Damals glaubte man, dass nur die Fürsten über Ahnen verfügten, die nach dem Tod weiterlebten, während die Seelen gewöhnlicher Menschen mit ihrem Körper vergingen. Die Seelen der fürstlichen Ahnen kümmerten sich nicht nur um die Interessen der Familie, sondern auch um die des Staates. Shang Di allerdings war der Menschenwelt zu sehr entrückt, um ihn in den Angelegenheiten der einfachen Menschen um Rat fragen zu können. Beim Befragen des Orakels folgte man einem ganz bestimmten Ritual: Während die Frage formuliert wurde, legte man einen heißen Stab auf das Schulterblatt eines Ochsen, eines Schafes oder auf den Bauchpanzer einer Schildkröte. Ein Wahrsager deutete die beim Abkühlen der heißen Stange entstehenden Geräusche und „übersetzte" sodann die Antwort des Orakels.

In der Zhou-Dynastie (1050–256 v. u. Z.) wurde Shang Di weitgehend durch Tian ersetzt, den „Himmel", die Quelle von Macht und Ordnung. Den Himmel verstand man als nicht-anthropomorphe Kraft, die Ereignisse zu lenken und zu beeinflussen vermochte. Die Zhou verkündeten, aufgrund ihrer Tugendhaftigheit eine „Vollmacht des Himmels" erhalten zu haben, also eine Herrschaft von Gottes Gnaden auszuüben. Mit diesem Machtwechsel wurde die Vorstellung gefestigt, dass Tugendhaftigkeit und eine wohltätige Regierung die Grundlage des Staates zu bilden hatten.

Während der Zhou-Dynastie wurden Riten, Verhaltensregeln, Werke der Literatur sowie mustergültige Beispiele der Ergebenheit, Treue, Tugend und der guten Staatsführung schriftlich fixiert und in den „Fünf Klassikern" (*wujing*) kanonisiert (s. S. 34–36). Bis zum 6. Jh. v. u. Z. hatte der Einfluss der Zhou-Herrscher deutlich abgenommen und in einer sich anschließenden Zeit politischer Unruhen und Wirren entwickelten sich zahlreiche Theorien, wie Harmonie und Frieden wiederherzustellen seien. Zusammenfassend bezeichnete man diese Konzepte als die „Hundert Schulen“. In diesem Zusammenhang entstanden auch die Überlegungen des Konfuzius zur Staats- und Gesellschaftsordnung.

Kong Qiu (auch bekannt als Kongzi, „Meister Kong“) wurde 551 v. u. Z. in Qufu in der heutigen Provinz Shandong geboren und stammte aus einer zwar armen, aber angesehenen Familie. Nachdem er für die Regierung des Staates Lu tätig gewesen war, reiste er 13 Jahre lang durch die verschiedenen chinesischen Staaten und warb bei den jeweiligen Herrschern darum, seine Vorstellungen von guter Staatsführung in die Praxis umzusetzen. Er hatte damit allerdings wenig Erfolg und kehrte enttäuscht nach Hause zurück, wo er bis zu seinem Tod im Jahr 479 v. u. Z. lehrte und, der Überlieferung zufolge, an den „Fünf Klassikern“ arbeitete.

Konfuzius war der Meinung, ein gutes Verhältnis zwischen Eltern und Kindern sei die wichtigste Voraussetzung für die Harmo1nie in der Gesellschaft und eine gerechte Regierung. In der Verpflichtung der Ergebenheit des Kindes (Chinesisch: *xiao*, „kindliche Pietät“, „Sohnespflicht“ – Ehre, Achtung, Liebe und Pflichterfüllung, die sich Eltern und Kinder gegenseitig schulden) kommt ein Grundverhältnis menschlicher Beziehung zum Ausdruck, das sich auf die Gesellschaft insgesamt übertragen lässt. Eine gute Staatsführung etwa besteht aus einem ähnlichen Verhältnis von Fürsorge und Pflichterfüllung zwischen Herrschern und Untertanen. Alle Glieder einer Gesellschaft müssen ihre Rollen und ihre Aufgaben kennen und erfüllen. Dies führt letztendlich zur Vervollkommnung der Persönlichkeit und zum Wandel der Gesellschaft.

Konfuzius Nachfolger Menzius (371–um 289) entwickelte dessen Lehren über die menschliche Tugend und die gute Staatsführung weiter. Weil der Mensch von Natur aus gut sei, besäßen die Menschen das Recht, sich gegen einen schlechten Herrscher aufzulehnen. Der dritte große konfuzianische Denker der klassischen Ära, Xunzi (tätig zwischen 298 und 238 v.u.Z.), hingegen entwickelte ein davon abweichendes Menschenbild. Für ihn war der Mensch im Ursprung schlecht; nur strenge Gesetze und harte Strafen sowie die Befolgung von Riten ermöglichten es ihm, gut zu werden. Xunzis Ansichten wurden von den „Legalisten" umgesetzt, einer der „Hundert Schulen". Gesetz und Strafe, und nicht tugendhaftes Handeln, bilden nach Ansicht der Legalisten die Grundlage einer guten Staatsführung.

Die Schule des Konfuzius wurde noch mehrere Jahrhunderte nach dessen Tod nicht offiziell gefördert und in der

Konfuzius mit seinen Schülern (Tusche und Wasserfarbe, Qing-Dynastie, 1644–1911)

Qin-Dynastie (221–207) sogar verfolgt. Erst in der Han-Dynastie (206 v. u. Z.–220 n. u. Z.) bekannte sich der Staat zu ihrer Verbreitung, erkannte der Kaiser doch, dass die konfuzianischen Rituale eindrucksvolle Zeremonien bei Hof ermöglichten und sich insgesamt stabilisierend auf Staat und Gesellschaft auswirkten. Obwohl die Konfuzianer den Legalismus kritisierten, war der Han-Konfuzianismus eine Verknüpfung aus konfuzianischem Idealismus und legalistischem Pragmatismus, die das chinesische Kaisertum über zwei Jahrtausende hinweg bestimmten. In dieser Zeit entwickelte der Staat auch jene bildungspolitischen und kulturellen Aktivitäten, die die konfuzianische Herrschaft legitimieren und sichern helfen sollten: Er gründete etwa eine nationale Universität und ließ jene Texte rekonstruieren, die der Zerstörungswut der Qin-Zeit zum Opfer gefallen waren. Darüber hinaus entwickelte er ein Programm zur Förderung von Begabten, die in den Lehren des Konfuzianismus geschult und dann in den Staatsdienst gestellt wurden. Das so entstandene Berufsbeamtentum wurde zur Grundlage der Beamtenwahl im kaiserlichen China.

Während der Han-Dynastie war der Konfuzianismus fundamentaler Bestandteil der Staatsideologie und eine vom konfuzianischen Denken geprägte Literatur erlebte eine Blüte. Das bedeutendste Werk dieser Zeit stammt von Dong Zhongshu, der in seinen Texten Konfuzianismus, Legalismus und kosmologische Theorien vereint, die auf den Prinzipien der beiden sich ergänzenden Kräfte Yin und Yang beruhten (s. S. 8–9). Die alte chinesische Kosmologie geht davon aus, das gesamte Universum bestehe aus *qi* („Stoff des Lebens"). Das *qi* manifestiert sich dabei in seiner grundlegendsten Form in den Gegensätzen von Yin und Yang, wobei alle Dinge zu unterschiedlichen Anteilen aus *yin qi* und *yang qi* zusammengesetzt sind. Dongs richtungweisende Überlegungen zeichnet aus, dass er erstmals diese kosmologischen Theorien mit den politischen Idealen des Konfuzius verknüpfte und derart ein triadisches Modell von

Himmel, Erde und Menschheit entwickelte. Den Herrscher begriff man dabei als Dreh- und Angelpunkt der Triade und glaubte, er sichere Ordnung und Harmonie für „alle unter dem Himmel".

Nach dem Untergang der Han-Dynastie folgten mehrere Jahrhunderte politischer Wirren, eine Zeit, in der der Konfuzianismus deutlich an Einfluss und Bedeutung verlor. Erst während der Song-Dynastie (960–1279) wurde er neu belebt. Die als Neukonfuzianismus bekannte Bewegung beschäftigte sich nun auch mit Fragen der Metaphysik und der Selbstbildung des Menschen. Der berühmteste Gelehrte dieser Zeit war Zhu Xi (1130–1200). Er vertrat die Ansicht, alle Dinge unterlägen einem Ordnungsprinzip, dem *li* (nicht zu verwechseln mit dem homophonen *li*, „Ritual"), das der Lebenskraft *qi* ihre Form verleihe. Zhu Xi zufolge müssen die Menschen „den Dingen nachgehen", um die Prinzipien zu verstehen, die ihnen zugrunde liegen und sich selbst weiterbilden, um angemessen und moralisch vorbildlich zu handeln. Buddhistische und taoistische Einflüsse zeigen sich etwa darin, dass die Neukonfuzianer auch das „ruhige Sitzen" (Meditation) als Technik der Vervollkommnung des Menschen empfehlen.

Ein späterer Neukonfuzianer, der Zhu Xis Lehren teilweise in Frage stellte, war Wang Yangming (Wang Shouren, 1472–1529). Auch Wang sprach sich für das „ruhige Sitzen" als Weg der Selbsterkenntnis aus und empfahl, sich an den so gewonnenen Einsichten zu orientieren. Seine Überlegungen fasste er in einer Theorie von der Einheit von Erkenntnis und Handeln zusammen. Wangs Behauptung, dass „Erkenntnis der Beginn des Handelns und Handeln die Vollendung der Erkenntnis" sei, impliziert, dass die Kenntnis einer Sache zwingend ein entsprechend tugendhaftes Handeln nach sich ziehen müsse: Aus der Kenntnis kindlicher Ergebenheit etwa folge notwendig kindlich ergebenes Verhalten.

Vietnam und Korea gerieten hauptsächlich durch die chinesische Eroberung während der Han-Dynastie unter den Einfluss des Konfuzianismus. Dieser frühe Kontakt legte die Grundlagen des auf dem Konfuzianismus beruhenden Staatswesens und obwohl das Maß der chinesischen Kontrolle in den folgenden Jahrhunderten nicht gleich bleibend stark war, blieb konfuzianisches Gedankengut fester Bestandteil der politischen Kultur. Nach dem Zusammenbruch der Tang-Dynastie im Jahr 907 n. u. Z. wahrte Vietnam weit gehend seine politische Unabhängigkeit von China, pflegte aber auch weiterhin chinesische Traditionen und passte sie den eigenen Belangen an. So wurde das Land etwa durch einen Verwaltungsapparat konfuzianischer Prägung regiert: Die Beamten wählte man durch Prüfungen aus, deren Inhalte auf den Schriften der chinesischen Klassiker basierten. Korea hatte bereits 427 n. u. Z. eine Regierung und eine Verwaltung chinesischen Stils installiert und brachte zudem den in vielerlei Hinsicht am deutlichsten konfuzianisch geprägten aller Staaten hervor: die Choson-(oder Yi-)Dynastie (1392–1910). Mit ihrem Bildungswesen und Verwaltungsapparat sowie den in die politische Realität überführten Grundsätzen der Staatsführung entstand in Korea ein exemplarischer konfuzianischer Staat. Einer der berühmtesten Gelehrten der Choson ist Yi T'ongye (1501–1570): Ihm gelang es, die Philosophie Zhu Xis eindrucksvoll weiterzuentwickeln.

Die Situation in Japan unterschied sich grundlegend von jener in Korea und Vietnam, hatte sich der Inselstaat doch freiwillig für die Aneignung konfuzianischer Ideen und Traditionen entschieden. Die erste große Welle der Annäherung erfolgte bereits im 6. Jh. n. u. Z. und war Teil einer Bewegung, die danach strebte, die Macht in Japan zu zentralisieren und zentrale Bestandteile der chinesischen Hochkultur zu übernehmen. Im Jahr 604 erließ Prinz Shotoku die „Verfassung der 17 Artikel", die den Grundstein eines konfuzianischen Staatswesens legte und die Bedeutung der Zentralgewalt ebenso hervorhob wie die soziale Harmonie, die dadurch entstand, dass jeder die spezifische Rolle spielte, die ihm zugewiesen war.

Während des Tokugawa-Shogunats (1600–1868) erlebte die konfuzianische Lehre in Japan ihren Höhepunkt.

Die Tokugawa-Herrscher sahen im Konfuzianismus ein Mittel, nach Jahrhunderten innenpolitischer Unruhen Stabilität herzustellen. Kaibara Ekken (1630–1714) war nicht nur der führende Befürworter des japanischen Neukonfuzianismus, sondern verstand es auch, den einfachen Menschen die konfuzianische Ethik nahezubringen.

Im Zuge imperialistischer Kriege und Auseinandersetzungen verlor der Konfuzianismus während des 19. und 20. Jh. in den traditionell konfuzianistisch geprägten Staaten China, Vietnam und Korea zunehmend an Bedeutung. Viele sahen in ihm nun die Ursache für die „Schwäche" Chinas angesichts von außen initiierter territorialer Übergriffe. Andere wiederum betrachteten den Konfuzianismus auch weiterhin als Grundlage der ostasiatischen Kultur und deshalb als unerlässlich für eine erfolgreiche Modernisierung der Nation.

Trotz der Auflösung der konfuzianischen Staaten spielen konfuzianische Ideen und Grundsätze bis heute in der gesamten ostasiatischen Kultur eine entscheidende Rolle. Neue konfuzianische Gelehrte im 20. und 21. Jh., darunter Mou Tsung-san, Carsun Chang und Tu Weiming, haben dem Konfuzianismus ein modernes Gesicht verliehen. Taiwan und der Stadtstaat Singapur unter Lee Kuan Yew betrachten die Vorstellungen des Konfuzianismus weiterhin als Eckpfeiler für Moral und sozialen Frieden.

Yao, Shun und Yu im *Shujing* (*Buch der Urkunden*) und *Mengzi* (*Menzius*)

„Yu sagte: ‚(…) Es gibt Wasser, Feuer, Metall, Holz, Erde und Korn. Mit diesen muss sorgfältig umgegangen werden. Es gibt die Ausbildung der menschlichen Tugend, die Mittel, die für Annehmlichkeiten sorgen, sowie die Wahrung der zum Erhalt des Lebens notwendigen Dinge (…) Wurden diese neun Dienste geordnet, werden die Menschen singen und jubeln. Ermahnt das Volk mit Güte, berichtigt es mit Nachdruck (…) und Eure Herrschaft bleibt stark.'"

Aus: *Shujing*, nach der Übersetzung von Jennifer Oldstone-Moore

„Mengzi sagte: ‚Mit Kompass und Winkelmaß zeichnet man vollkommene Kreise und Quadrate. Der Weise erzieht den Menschen zur Vollkommenheit. Strebt man es an, ein Herrscher zu werden, muss man die Rolle des Herrschers vollständig erfüllen. Möchte man Minister werden, muss man die Rolle des Ministers vollständig erfüllen. Dazu muss man in erster Linie den Beispielen von Yao und Shun folgen. Wer nicht dem Beispiel Shuns in den Diensten Yaos folgt, verhält sich seinem Fürsten gegenüber ungebührlich. Wer nicht dem Beispiel Yaos als Vorbild für die Herrschaft über das Volk folgt, fügt dem Volk Schaden zu.'"

Aus: *Mengzi*, nach der Übersetzung von Jennifer Oldstone-Moore

Kommentar

Der klassische Konfuzianismus befasst sich weniger mit Themen wie der Erschaffung des Kosmos. Vielmehr widmet er sich den Anfängen der Zivilisation, deren Ursprünge sich anhand der Lebensläufe der legendären „weisen Herrscher" (*sheng huang*) des Altertums (s. S. 44–45) erschließen lassen.

Die Anfänge chinesischer Geschichte datiert man auf die Herrschaft des Yao (24. Jh. v. u. Z.). Sowohl er als auch sein Nachfolger Shun (um 2255–2205 v. u. Z.) waren wohltätige Herrscher, die ihre Autorität eher durch die Befolgung konfuzianischer Grundsätze als durch den Einsatz militärischer Gewalt unter Beweis stellten – eine sehr frühe Verkörperung der Vorstellung von einem Herrscher, der seinem Volk im Grunde ein Vater ist. Die Staatskunst, wie sie Shun von seinem vielen als Vorbild geltenden Minister Yu beschrieben wurde, ist dem materiellen und dem moralischen Wohlergehen des Volkes gewidmet. Yao, Shun und Yu wurden von späteren Generationen als vorbildliche Herrscher angesehen, wie das Textbeispiel aus dem Buch *Mengzi* verdeutlicht. Ihr Handeln wurde analysiert, um Lösungen für zeitgenössische Probleme zu finden. Als sich die chinesischen Konfuzianer im 19. Jh. durch ernsthafte Herausforderungen aus dem Westen bedrängt sahen, verwiesen sie auf das Beispiel von Yao und Shun, um Argumente für die Notwendigkeit gesellschaftlicher Erneuerung zu finden.

KAPITEL ZWEI

ASPEKTE DES GÖTTLICHEN

Konfuzianische Vorstellungen vom Göttlichen beziehen sich auf zwei grundlegende Bereiche. Einerseits geht es um ordnende Prinzipien (kosmische Kräfte, metaphysische Vorstellungen), vorwiegend um Glaubensinhalte. Andererseits existiert ein breites Spektrum von Göttern und Geistern, die in Schreinen und Tempeln verehrt und um Beistand gebeten werden.

Im Konfuzianismus sind die Welten der Menschen und anderen Lebewesen sowie die der Götter und Geister eng miteinander verknüpft. Einige Geister gelten als gefährliche Wesen, deren Zorn durch Opfergaben besänftigt werden kann. Menschen, die ein vorbildliches Leben führen, können nach ihrem Tod in die himmlische Hierarchie aufsteigen und zu Göttern werden. Die Götter wiederum werden von den Menschen angerufen, von deren Opfergaben sie sich ernähren.

LINKS: Ein Gelehrter lauscht aufmerksam dem fließenden Wasser. Die Landschaftsmalerei hatte moralische, ethische und kosmologische Bedeutung: Sie spiegelte das ewige Prinzip (li), das die gesamte Schöpfung ordnet und jedem einzelnen Gegenstand seinen Platz zuweist.

Die konfuzianischen Vorstellungen vom Göttlichen reichen von einer dem Menschen zugänglichen Geisterwelt bis zu eindrucksvollen, aber weit entrückten kosmischen Kräften. Dies veranschaulichen bereits älteste chinesische Überlieferungen, die „Orakelknochen" aus der Shang-Zeit (s. S. 12–13). Die Shang-Herrscher brachten ihren Vorfahren Opfer dar und beteten ein höheres Wesen an: Shang Di, den „Herrn im Himmel". Als er später durch Tian, den „Himmel", abgelöst wurde, stand das „Mandat des Himmels" (s. S. 13) im Zentrum der konfuzianischen Theorie des Staatswesens. Den Himmel begriffen die Chinesen von nun an selbst als Wesen, das sich um das Wohlergehen des Volkes kümmerte. Konfuzius sah im Himmel eine ebenso natürliche wie moralische Ordnungskraft, wobei der Mensch seiner Ansicht nach danach streben solle, den Willen des Himmels zu ergründen.

Das Wesen der kosmischen Ordnung zu erfassen, wurde vom 10. Jh. an zu einem wichtigen Aspekt der Lehre des Konfuzianismus. Die Neukonfuzianer entwickelten eine Kosmologie, die auf dem *li* gründete, jenem Ordnungsprinzip, das das *qi* prägte, aus dem sich alle Dinge zusammensetzen (s. S. 6–8). Obwohl es offenkundig eine große Vielfalt innerhalb der Schöpfung gibt, werden alle Dinge vom „Großen Ganzen", dem *Taiji* (*T'ai Chi*), vereint, dem Ordnungsprinzip des Kosmos. Durch Nachdenken und

Nachforschen können Menschen eine Einheit mit dem Kosmos erfahren. Die neukonfuzianischen Lehren zur Persönlichkeitsbildung empfehlen intensives Lernen, eine ehrfürchtige Haltung und einen disziplinierten Geist sowie das „Stillsitzen" – die Meditation zur inneren Reinigung und zur Konzentration, die diesen Lehren zufolge zur nachhaltigen Vervollkommnung des Charakters führen kann.

Von unmittelbarerer Bedeutung für die meisten Menschen waren jedoch die zahlreichen Geister. Die Geisterwelt umfasst Ahnen und Götter, denen man Opfer darbringt und die sich ihrerseits in Form von Gefälligkeiten oder Segnungen bedanken. Darüber hinaus gibt es allerdings die Geister der unglücklichen, unversöhnten Toten, die den Menschen Schaden zufügen können. Den „Himmel" stellt man sich als Wohnort der Götter vor, der wie ein gewaltiger Verwaltungsapparat organisiert ist, wobei die Beamten des Himmels die gleichen Insignien tragen wie die Beamten des Kaisers. Und so gleicht auch der Umgang mit ihnen jenem mit den weltlichen Repräsentanten der Macht: Sie sind ebenso empfänglich für Bestechungsversuche und kleine Gefälligkeiten. Die Welt der Lebenden und der Toten spiegeln und durchdringen sich somit gegenseitig.

An der Spitze der himmlischen Bürokratie sitzt der Jadekaiser, das spirituelle Pendant des irdischen Kaisers. Er ist oberster Richter und Herrscher des Himmels und

Die Decke des Tempels des Himmels in Beijing. Die quadratische Basis und die runde Kuppel symbolisieren Erde und Himmel. Hier brachte der Kaiser alljährlich rituelle Opfer dar und bat den Himmel um Aufrechterhaltung der Ordnung in seinem Reich.

führt die Aufsicht über die gesamte Verwaltungshierarchie – eine weit entrückte Figur, mit der man nur durch Vermittler kommunizieren kann. Der unterste Beamte der himmlischen Hierarchie ist der örtliche Schutzgott, Tudi Gong, der „Gott der Erde“. Jedes Viertel und jedes Dorf hat seinen eigenen Tudi Gong, den man mit einem Dorfpolizisten oder -richter vergleichen könnte. Seine Aufgabe ist es, den Frieden zu wahren, örtliche Geister im Zaum zu halten, die Unruhe stiften könnten, und den Überblick über die Vorgänge in der näheren Umgebung zu wahren.

Eines der Ideale des Konfuzianismus besteht darin, tugendhafte Beamte im Verwaltungsapparat zu fördern. Dieses Ideal trifft auch auf die Geisterwelt zu und wird durch die Geschichte von Mazu veranschaulicht, der Tochter eines Fischers, die Kaiserin des Himmels wurde. Mazu lebte ein kurzes, aber vorbildliches Leben und zeigte außerordentliche spirituelle Begabungen. Als sie im Alter von nur 28 Jahren starb, verehrten die Einwohner ihres Dorfes ihren Geist. Nach zwei Jahrhunderten volkstümlicher Verehrung fiel konfuzianischen Gelehrten auf, wie beliebt der Kult war und welche Geschichten man sich von Mazus Großzügigkeit erzählte. Sie empfahlen daraufhin ihre Beförderung und auf Geheiß des Kaisers stieg sie in den Rängen der himmlischen Hierarchie so lange auf, bis sie „Kaiserin des Himmels" (Tian Hou) und Gemahlin des Jadekaisers wurde. Bis heute gehört Mazu zu den beliebtesten Gottheiten in Südchina und Taiwan. Ihre Geschichte veranschaulicht die Verbindung zwischen der Elite und den volkstümlichen Traditionen, aber auch den Einfluss des Konfuzianismus auf die politischen und sozialen Strukturen.

Westliche Inschrift (*Ximing*) von Zhang Zai (1020–1077)

„Der Himmel ist mein Vater und die Erde ist meine Mutter und selbst ein kleines Wesen wie ich findet einen anheimelnden Platz in ihrer Mitte. Daher betrachte ich das, was das Universum füllt, als meinen Körper und das, was das Universum lenkt, als meine Natur. Alle Menschen sind meine Brüder und Schwestern und alle Dinge sind meine Gefährten. Der große Herrscher (der Kaiser) ist der älteste Sohn meiner Eltern [Himmel und Erde] und die großen Minister sind seine Verwalter. Ehre das Alter – so behandelt man die Älteren, wie Ältere behandelt werden sollten. Erweise tiefe Liebe den Waisen und Schwachen – so behandelt man die Jugend, wie die Jugend behandelt werden sollte (...) Tue nichts Schändliches in den Räumen deines eigenen Hauses und bringe damit Schande über [Himmel und Erde]. Wahre deinen Geist und nähre deine Natur und (diene ihnen) so mit unermüdlicher Kraft (...) Wohlstand, Ehre, Segen und Wohltaten sollen mein Leben bereichern, während Armut, niedriger Stand und Kummer mir zur Erfüllung verhelfen. Im Leben folge und diene ich (Himmel und Erde). Im Tod werde ich Frieden finden."

Aus: *A Source Book in Chinese Philosophy*, von Wing-tsit Chan, Princeton 1963, S. 497–498; Anm.: Runde Klammern sind bereits im Text des ursprünglichen Übersetzers zu finden, eckige Klammern kennzeichnen Zusätze der Autorin.

Kommentar

In der *Westlichen Inschrift* beschreibt der neukonfuzianische Gelehrte Zhang Zai ebenso prägnant wie poetisch die fundamentalen Wechselbeziehungen des Kosmos und schildert die Heiligkeit und Vollständigkeit der geschaffenen Ordnung. Der einflussreiche Text, den der Verfasser auf die Westwand seines Arbeitszimmers schrieb, gibt die Idee vom einen Prinzip – *li* – wieder, dass aller Schöpfung zugrunde liegt. Dieses Prinzip manifestiert sich in der Ordnung der Natur, die sich in der Schöpfung in einem ewigen Kreislauf entfaltet und letztlich in ihren undifferenzierten Zustand zurückkehrt.

Das grundlegende Prinzip, auf das sich Zhang Zai bezieht, ist das „Große Ganze" oder *Taiji*, die Grundlage allen Wachstums und Wandels. *Taiji* manifestiert sich als *qi*, dem Stoff des Lebens, der in die Gegensätze von Yin und Yang geteilt ist und in die „Fünf Elementarphasen" (s. S. 8–9) und die Unendlichkeit der Schöpfung führt. Alle Dinge, ob geistiger oder physischer Natur, bestehen aus *qi* und sind folglich einander verwandt: das Universum ist eins. Der Text bedient sich des sinnträchtigen konfuzianischen Bildes von der Familie, um die Beziehung zwischen allen Dingen des Kosmos auszudrücken, in dem es keinen Schöpfer gibt, der außerhalb seiner Schöpfung steht. Der Weise strebt danach, die Einheit des Universums wahrzunehmen, seine Struktur zu verstehen und mit ihr zu harmonieren.

KAPITEL DREI

HEILIGE SCHRIFTEN

Die Anhänger vieler Religionen betrachten heilige Schriften als Ausdruck göttlicher Offenbarung. Der konfuzianische Kanon hingegen wird fast ausschließlich irdischen Autoren zugeschrieben. Dazu zählen die Werke von Konfuzius und Menzius; die Themen reichen von den Ursprüngen der Zivilisation, über Kunst und Staatsführung bis zur Geschichte der frühen Dynastien.

Die Dominanz des konfuzianischen Kanons in den frühen ostasiatischen Kulturen ähnelt durchaus jener der Bibel im Abendland. In China dienten die konfuzianischen Texte als Quell geistig-moralischer Fortbildung, hinreichend geeignet, die Grundlinien der chinesischen Hochkultur im ostasiatischen Raum zu verbreiten. Obwohl die propagierten Ideale heute nicht mehr denselben Einfluss haben, üben sie noch immer enorme Anziehungskraft aus.

LINKS: Ein chinesisches Gemälde aus dem 18. Jh., das die Prüfung der Kreismagistrate darstellt. Zugang zu dieser wichtigen Schicht des Verwaltungsapparats der Regierung erlangte man durch öffentliche Beamtenprüfungen. Um diese zu bestehen, musste man sich in den konfuzianischen Klassikern sehr gut auskennen.

Im Zentrum der konfuzianischen Tradition stehen Schriften wie die „Fünf Klassiker“ oder die „Vier Bücher“. Die „Fünf Klassiker“, im Alten China hoch geschätzt, bildeten zur Zeit der Han-Dynastie das Herzstück der konfuzianischen Lehre, in Vietnam und Korea nicht weniger als in China selbst. Jeder Student hatte sie auswendig zu lernen, waren sie doch die Grundlage der Beamtenprüfungen. In Japan galten die „Fünf Klassiker“ als bedeutender Teil des von China entliehenen Erbes, in Korea und Vietnam bildeten sie aufgrund der chinesischen Vorherrschaft die Basis der Hochkultur. Konfuzius selbst begriff sich als Vermittler eines Wissens, über das die „weisen Herrscher“ des Altertums verfügt hatten (s. S. 44–45). Seiner Ansicht nach war das Studium der Klassiker hier die entsprechende Voraussetzung: das *Buch der Wandlungen* (*Yijing*, auch *I Ging* oder *I Ching*), das *Buch der Urkunden* (oder *Buch der Dokumente*) (*Shujing*), das *Buch der Lieder* (*Shijing*, auch *Shangshu*), das *Buch der Riten* (*Liji* oder *Lijing*) und die *Frühlings- und Herbstannalen* (*Chunqiu*). Ein sechster Klassiker, das *Buch der Musik* (*Yuejing*), galt bereits in der Zeit vor Beginn des dritten vorchristlichen Jahrhunderts als verschollen.

In jedem dieser Klassiker wird eine wichtige Komponente der Weisheit thematisiert und als Mittel zur Charakter- und Persönlichkeitsbildung an die Hand gegeben. Im *Buch der Wandlungen*, als dessen Verfasser der mystische

Kaiser Fu Xi gilt, geht es um die Bedeutung der Weissagung. Die innige Verbindung zwischen Mensch und Natur erfährt besondere Betonung, der Kosmos vermittelt allen, die irgend dafür empfänglich sind, hinreichend Kraft. Das im *Yijing* entwickelte System, beruht auf 64 Hexagrammen, die ihrerseits unterschiedliche Kombinationen von Yin und Yang repräsentieren (s. S. 8–9) und auf diese Weise alle möglichen Situationen und Entwicklungen im sich ständig wandelnden Universum darstellen. Die „Zehn Flügel", begleitende Kommentare und Erläuterungen zum besseren Verständnis des teils hermetischen Textes, gehen der Überlieferung nach auf Konfuzius zurück. Das *Buch der Urkunden* hingegen enthält Aufzeichnungen geschichtlicher Ereignisse aus Chinas tiefer Vergangenheit (3. Jt. v. u. Z.), die als Beispiele moralischen Verhaltens und guter Staatsführung verstanden werden. Die *Frühlings- und Herbstannalen* schildern Ereignisse während der Zhou-Dynastie. Nicht zuletzt ihres moralischen Gehalts wegen lieferten sie den jeweiligen Herrschern Orientierung. Beide Texte verdeutlichen, wie sehr die Konfuzianer Wert darauf legten, Richtlinien für ihr Verhalten aus der Auseinandersetzung mit der Geschichte zu gewinnen.

Das *Buch der Lieder* ist eine Sammlung von 305 Gedichten, zu denen höfische Weisen ebenso wie Volkslieder zählen. Der Überlieferung zufolge sammelten die Zhou-

Könige diese Gedichte, um die Stimmung im Land besser beurteilen zu können – wichtige Informationen für einen Monarchen, der die „Vollmacht des Himmels" behalten möchte (s. S. 13). Viele der Gedichte versteht man als allegorische Kommentare zur Arbeit der Regierung. Im Mittelpunkt des *Buchs der Riten* (eine Materialsammlung die u. a. Anleitungen zur Hausarbeit, Protokollvorschriften und philosophische Traktate umfasst) stehen Sitten und Gebräuche (*li*), konfuzianischem Verständnis nach von großer Bedeutung für die Ausbildung des Charakters (s. S. 54–55).

Konfuzius ist der Verfasser der *Frühlings- und Herbstannalen*, die übrigen vier Klassiker soll er redigiert haben. Die moderne Wissenschaft geht davon aus, dass die Texte ursprünglich im Verlauf der Zhou-Dynastie zusammengetragen wurden, aber in Folge der Bücherverbrennung in der Zeit der Qin-Dynastie entstanden (s. S. 15) und als revidierte Fassung aus der Zeit der Han-Dynastie gelten müssen.

Im Laufe der Jahrhunderte wurden die „Fünf Klassiker" durch weitere Texte ergänzt. Bis zum 9. Jh. n. u. Z. zählte man schließlich 13 Klassiker. Der Dichterphilosoph Zhu Xi fügte dem Kanon die seiner Meinung nach die Lehren des Konfuzius zusammenfassenden „Vier Bücher" zu. Sie avancierten zwischen 1313 und 1905 zu Schlüsseltexten der konfuzianischen Lehre in China, Zhus Kommentare galten als verbindlich. Im Einzelnen zählen zu den „Vier Büchern" die *Analekten* (*Lunyu*) des Konfuzius, der *Menzius* (*Mengzi*), *Das große Lernen* (*Daxue*) sowie *Maß und Mitte* (*Zhongyong*).

Die *Analekten*, seit der Han-Dynastie zum Kanon gehörend, sind eine Sammlung von Gedanken, die Konfuzius im Hinblick auf die ideale Gesellschaft entwickelte und die von seinen Schülern aufgezeichnet wurden. Er zeigt hier, inwiefern das Verhalten (*li*) der frühen chinesischen Herrscher als Beispiel für ein angemessenes menschliches Miteinander zu sehen ist und welcher Voraussetzungen es bedarf, um ein gerechtes Gemeinwesen zu errichten bzw. zu erhalten. Im *Menzius* (Titel des Werkes und Name des Autors sind identisch) wird die Auseinandersetzung mit den *Analekten* vertieft. In diesem Text entwickelte Menzius seine Auffassung, derzufolge der Mensch von Natur aus gut und bildungsfähig sei. Sie gewann in der konfuzianischen Welt enormen Einfluss. Menzius erläutert außerdem, weshalb es rechtens sei, einen tyrannischen Herrscher zu stürzen.

Das große Lernen sowie *Maß und Mitte*, ursprünglich als Kapitel des *Buchs der Riten* verfasst, waren von Zhu Xi aufgrund ihrer philosophischen Tragweite ausgewählt worden. *Das große Lernen* illustriert, dass die Persönlichkeitsbildung der erste Schritt auf dem Weg hin zur Harmonisierung der Welt ist, wirkt sich die Lebensgestaltung des Einzelnen doch auf Familie, Ort, Provinz, Land und Kosmos aus. In *Das*

„Freundschaft mit den Aufrechten, Eifrigen und Gelehrten ist einträglich."

„Denke an Gerechtigkeit, wenn du Gewinn siehst, und an Opfer, wenn du der Gefahr ins Auge schaust."

„Wenn du nicht an die Zukunft denkst, wirst du in Schwierigkeiten geraten, wenn sie kommt."

„Wenn du glaubst, dass du einen Fehler machst, darfst du keine Angst davor haben, ihn zu korrigieren."

„Harmonie ist das Wertvollste."

„Herrsche durch die Macht der Moral."

Eine Auswahl von Maximen aus den Analekten *des Konfuzius, die als einflussreichster Text aller Zeiten bezeichnet worden sind.*

große Lernen hingegen steht die Verbindung zwischen Kosmos und Menschheit im Mittelpunkt der Erörterung.

Sämtliche Texte sind in der knappen und kultivierten Sprache des klassischen, „ausgeschmückten" Chinesisch verfasst. Ihrer Komplexität wegen kam es zur Ausbildung einer reichen Kommentartradition. Das eingehende Studium des Kanons dauerte viele Jahre und so begannen chinesische Kinder bereits im Alter von vier Jahren, die Schriftzeichen anhand von Texten zu erlernen, die konfuzianische Lehren in einprägsame Verse verpackten. Sobald sie dazu in der Lage waren, lernten die Schüler die Texte auswendig. Erst später lasen sie die erläuternden Kommentare. Der Gehalt dieser klassischen Texte wurde auf unterschiedliche Art auch jenen vermittelt, die sie nicht selbst in Augenschein nehmen konnten. Zum einen unterhielt man Gemeindeschulen, zum anderen griff man auf vereinfachte Handbücher zurück. Während der Qing-Dynastie wurden die grundlegenden Lehren der konfuzianischen Sitten- und Tugendlehre per kaiserlichem Edikt öffentlich vorgetragen und erläutert. Traktate zur Ethik, von konfuzianischen Lehren geprägt, waren beliebt, und sowohl in China als auch Korea weit verbreitet. Manche Gelehrte, etwa Zhu Xi in China oder Kaibara Ekken in Japan, verfassten speziell für die einfacheren Schichten gedachte Handbücher.

„Nordwind" aus dem *Buch der Lieder* (*Shijing*)

„Der Nordwind ist so kalt;
der Schnee fällt so dick.
Sei zärtlich; liebe mich,
nimm meine Hand und wir werden zusammen gehen.
Du bist so ängstlich und so langsam –
wir müssen eilen, eilen!

Der Nordwind ist so stark;
der Schnee treibt so schnell.
Sei zärtlich; liebe mich,
nimm meine Hand und wir werden zusammen
zurückkehren.
Du bist so ängstlich und so langsam –
wir müssen eilen, eilen!

Nichts ist so rot wie der Fuchs,
nichts schwärzer als die Krähe;
Sei zärtlich; liebe mich,
nimm meine Hand und wir werden zusammen fortfahren.
Du bist so ängstlich und so langsam –
wir müssen eilen, eilen!"

Aus: *Shijing*, nach der Übersetzung von Jennifer Oldstone-Moore

Kommentar

Das *Buch der Lieder* (*Shijing*), aus dem dieses Gedicht stammt (s. S. 35–36), ist ein Schlüsselwerk der chinesischen Literatur und Kultur. Es wurde u.a. dazu verwendet, die Stimmung im Land auszuloten, es diente als Quellensammlung im Hinblick auf offizielle Anlässe und war Pflichtlektüre angehender Beamter. Die Gedichte dieser Sammlung sollen aus dem 12.–7. Jh. v. u. Z. stammen und umfassen höfische Weisen ebenso wie volkstümliche Lieder. Auch die Themenvielfalt ist weit gefächert: Liebe, Krieg, bäuerliches Leben, Legenden usw.

„Nordwind“ zählt zu den Volksliedern der Sammlung, in denen nicht selten von der Liebe die Rede ist. Die konfuzianische Literatur hat allerdings auch stets einen moralischen Anstrich und so wurde das Gedicht weniger als Liebesgedicht verstanden, sondern vielmehr als Anklage gegen Tyrannei und Willkür. Dieser Lesart zufolge spielen die beiden ersten Strophen auf Unterdrückung an. Fuchs und Krähe, in der letzten Strophe erwähnt, gelten als böse Omen. Indem die Konfuzianer die Herrschaft durch Tugend betonen, warnen sie davor, dass die Untertanen vor einem Tyrannen in das Land eines gerechten Herrschers fliehen könnten – wie es in diesem Gedicht durch die wiederholte Aufforderung des Sprechers zur Eile angedeutet wird.

栖備箕疇富
貴長
文王百子久
流芳
但憑韻士生

HEILIGE PERSONEN

In der konfuzianischen Tradition werden verschiedene historische, legendäre, halblegendäre und mythische Gestalten aufgrund ihrer als bemerkenswert geltenden Taten besonders verehrt. Diese Vorbilder hatten die chinesische Politik und Kultur befruchtet und so das Goldene Zeitalter des chinesischen Altertums begründet. Von solchem Verständnis geleitet, griff Konfuzius die Überlieferung auf und berichtete über viele dieser herausragenden Protagonisten im Rahmen der „Fünf Klassiker" (s. S. 34–36).

Auch Menschen aus späterer Zeit erfahren Verehrung, etwa Gelehrte, die pflichtbewusst den Einsichten folgten, die Konfuzius gelehrt hatte; ebenso einfache Menschen, die außergewöhnliches Verhalten bewiesen. Von manchen glaubt man, sie nähmen auch noch nach ihrem Tod Einfluss auf die irdischen Verhältnisse.

LINKS: Der Holzschnitt aus dem 17./18. Jh. zeigt König Wen, den „zivilisierenden König", einen der Gründer der Zhou-Dynastie. Auf diesem Bild schaut er Kindern beim Spielen zwischen Lotusblumen zu.

China ist reich an Sagen und Legenden über Helden und halbmythische Figuren, die der Menschheit die Grundlagen der Zivilisation vermittelt haben sollen. Die bekanntesten sind Fu Xi, Shen Nong und Huang Di. Ersterem wird nicht nur die Zähmung ursprünglich wilder Tiere zugeschrieben, sondern auch die Erfindung von Fangnetzen. Er entwickelte zudem die „Kunst" der Weissagung, erläutert im *Buch der Wandlungen* (s. S. 34–35). Ebenso werden Rechtsinstitute wie Ehe und Familie auf sein Wirken zurückgeführt.

Shen Nong wiederum erfand Pflug und Hacke und lehrte die Menschen, das Land zu bewirtschaften. Mit seiner Beschreibung der therapeutischen Eigenschaften bestimmter Pflanzen schuf er die Grundlagen für die Entwicklung der chinesischen Medizin und Pharmakologie. Auf Huang Di, den Gelben Kaiser (s. Abb. S. 10), wird die Kunst der Kriegsführung zurückgeführt. Er besiegte die „Barbaren", und sicherte so die Grenzen jener Region, die später zum Herzstück des chinesischen Reiches wurde.

Die sich an diese Zeit anschließende Epoche des Altertums gilt als Goldenes Zeitalter der „weisen Herrscher". Insbesondere schätzte man Shun, Yao und Yu als Muster der Hingabe, Intelligenz und Tugend. Konfuzius lobte Shun und Yao als Beispiele vollkommener Herrscher. Yao etwa hatte keinen seiner zehn Söhne des Thrones für würdig befunden und suchte daher den geeigneten Mann überall im Reich. Als Entscheidungskriterium setzte er auf die kindliche Ergebenheit, wie sie vormals Shun gezeigt hatte, der Vater und Stiefbruder klaglos diente, obwohl diese versucht hatten, ihn zu ermorden. Später König geworden, überging Shu selbst seine eigenen Söhne, und übergab den Thron an Yu, den Begründer der legendären Xia-Dynastie (2205–1766 v. u. Z.).

Die Geschichte Yus zeigt exemplarisch das chinesische Verständnis vom Idealstaat, der durch eine wohltätige Regierung und gerechte Herrscher gekennzeichnet ist, die nach Ordnung und Harmonie zwischen Natur und Mensch streben. Seine besonderen Leistungen lagen im unermüdlichen Kampf gegen die für China typischen Hochwasserkatastrophen. Er widmete sich dieser Aufgabe angeblich mit solcher Hingabe, dass er zehn Jahre lang sein eigenes Zuhause nicht mehr besuchte, selbst dann nicht, als er so nahe war, dass er die Schreie seiner kleinen Kinder hören konnte.

Dem idealen Herrscher ist, so Konfuzius, ein ebenso idealer Minister an die Seite zu stellen. Der Herzog von Zhou (gest. 1094 n.u.Z.), stellt hier ein mustergültiges Beispiel dar, denn er erfüllte seine Pflichten ohne selbst nach dem Thron zu streben. Der Herzog, ein Bruder König Wus, des Gründers der Zhou-Dynastie, bewies sein Pflichtgefühl u.a., indem er nach Wus Tod sieben Jahre lang stellvertretend für den jungen Königssohn regierte, ohne jemals den Versuch zu unternehmen, selbst den Thron zu besteigen. Das statuierte Exempel wurde sprichwörtlich – und so erhielt beispielsweise der geachtete kommunistische Ministerpräsident Zhou Enlai (1898–1976) den Spitznamen „Herzog von Zhou". Yao, Shun, Yu und der Herzog von Zhou waren jahrhundertelang Vorbilder, an denen Herrscher und Minister sich orientierten.

Gemeinsam mit seinen Anhängern wird natürlich auch Konfuzius selbst im Rahmen der nach ihm benannten Traditionslinie verehrt. Erste Tempel zu Ehren des Konfuzius wurden während der Han-Dynastie errichtet. Der seit 478 v. u. Z. bestehende Tempel in seiner Geburtsstadt Qufu avancierte zum Nationalheiligtum. Bis zum Jahr 195 v. Chr., als der Han-Kaiser Gaodi (reg. 206–195 v. Chr.) am Grab des Konfuzius das „Große Opfer" (*daji*) brachte (zu dem auch ein Ochse gehörte), war es unüblich, dem Weisen zu opfern. In den späten Jahren des Kaiserreichs hielt man im zweiten und achten Monat des chinesischen Mondkalenders Gedenkgottesdienste für Konfuzius ab. In diesen Tempeln erfuhr nicht nur Konfuzius Verehrung, auch seine meistgeschätzten Anhänger, einige seiner Zeitgenossen sowie Weise aus späterer Zeit, beispielsweise Menzius oder Zhu Xi, wurden hier verehrt.

Kangxi (1662–1723), Kaiser von China, förderte die neukonfuzianische Lehre. Sein Deichsystem kam dem des weisen Herrschers Yu gleich, den man den „Flutenbezähmer" nannte.

Die Tempel enthielten u. a. sorgfältig nach Rang und Alter geordnete Gedenktafeln für eine Reihe berühmter Konfuzianer. Obwohl Konfuzius selbst im Verlauf der gesamten chinesischen Geschichte höchste Anerkennung genoss, galt er doch immer als Mensch, auch wenn die Vergöttlichung menschlicher Helden im chinesischen Kulturraum durchaus üblich war. Heute feiern die Chinesen den Geburtstag des Konfuzius mit einer alten, überaus würdevollen Zeremonie in der Gedächtnishalle von Qufu. Auch in Taipei würdigt man ihn als „Ersten Lehrer".

Konfuzianische Ideale bildeten auch die Grundlage für die Anerkennung zeitgenössischer Persönlichkeiten. In jeder Dynastie gab es Helden und Heldinnen, die Ideale verkörperten, etwa das ergebene Kind, die keusche, sich aufopfernde Ehefrau oder den tugendhaften, selbstlosen Staatsdiener. In Korea und China sind ihre Geschichten in Texten festgehalten wie dem *Klassischen Buch der Kindesliebe*, den *Biografien hervorragender Frauen* oder den *Aufzeichnungen kindlichen Verhaltens*. Erzählt wird beispielsweise von Laizi, der noch im Alter von 70 Jahren vorgab, nichts weiter als ein Kind zu sein, damit sich die betagten Eltern nicht gar so alt fühlten wie sie waren; oder von jenen Mädchen, die sich beim Tod des Verlobten aus Treue selbst das Leben nahmen, oder von einer Zweitfrau, die die Kinder der ersten aus einem brennenden

Haus rettete während ihre eigenen qualvoll in den Flammen starben.

Die konfuzianischen Ideale spiegeln sich auch im Pantheon des chinesischen Volksglaubens wider. Noch heute ist dieser Pantheon strukturiert wie die konfuzianische Regierung des Kaiserreichs. Als himmlischer Verwaltungsapparat ergänzt er die irdischen Institutionen. Dessen Mitglieder mögen Taoisten oder Buddhisten sein oder anderen Religionen zugerechnet werden können – von allen erwartet man ein konfuzianischen Idealen entsprechendes Verhalten, d. h. Tugenden wie „kindliche Ergebenheit", Loyalität, Rechtschaffenheit und Selbstlosigkeit. Wer sich hier auszeichnete, konnte auch innerhalb der himmlischen Hierarchie noch auf Beförderung hoffen, in der Regel durch kaiserlichen (irdischen) Erlass. Das berühmteste Beispiel ist die Gestalt des äußerst populären Guan Di, eines heldenhaften Kämpfers aus der Han-Zeit (206 v. u. Z. – 220 n. u. Z.). Im Laufe der Jahrhunderte stieg er aufgrund kaiserlicher Dekrete in der himmlischen Hierarchie immer höher auf. Bis heute ist Guan Di der Schutzgott zahlreicher Berufsgruppen. Dergleichen verdeutlicht nicht allein den Einfluss konfuzianischen Gedankenguts, sondern auch den synkretistischen Zug im Volksglauben, der konfuzianische Ideale ohne Umschweife anderen sozio-kulturellen Traditionen einverleibt.

Auszüge aus den *Analekten* (*Lunyu*) des Konfuzius

„2,4 Konfuzius sagte: ‚Mit fünfzehn war es mein Wunsch zu lernen. Mit dreißig war ich etabliert. Mit vierzig hatte ich keine Zweifel mehr. Mit fünfzig kannte ich den Willen des Himmels. Mit sechzig konnte ich dem, was ich hörte, gehorchen. Mit siebzig konnte ich dem Wunsch meines Herzens folgen und nicht gegen das verstoßen, was rechtens war."

„5,25 Zilu sagte: ‚Ich würde gerne deine Ideale hören.' Konfuzius sagte: ‚Meine Ideale sind, den Alten Trost zu spenden, meinen Freunden treu zu sein und für die Jungen Sorge zu tragen.'"

„7,7 Konfuzius sagte: ‚Selbst wenn ich nur wenige Stücke trockenen Brots als Lohn erhielt, so habe ich mich doch niemals geweigert, einer Person Unterricht zu erteilen.'"

„7,18 Der Herzog von She stellte Zilu eine Frage zu Konfuzius und Zilu antwortete nicht. Konfuzius sagte: ‚Warum sagtest du ihm nicht, dass ich ein Mensch bin, der so eifrig lernt, dass er das Essen vergisst, der so glücklich ist, dass er seine Sorgen vergisst, und der nicht das Nahen des Alters bemerkt?'"

Aus den *Analekten* (*Lunyu*) des Konfuzius, nach der Übersetzung von Jennifer Oldstone-Moore

Kommentar

Konfuzius oder Kong Qiu (in China als Kongzi oder Meister Kong bekannt) wurde 552 v. u. Z. im Staat Lu, in der heutigen Provinz Shandong geboren. Man glaubt, er sei adliger Herkunft gewesen und möglicherweise sogar aus dem Königshaus der Shang stammte. Seine Familie lebte jedoch in bescheidenen Verhältnissen. Er selbst verwaiste bereits als Kind und starb im Jahr 479 v. u. Z. im Alter von 73 Jahren. Seinen wichtigsten Beitrag lieferte er als Pädagoge, nicht als Staatsdiener. In weiten Teilen Ostasiens wird er bis in die heitige Zeit als der Erste und größte Lehrer verehrt.

Als zuverlässigste Informationsquelle über Konfuzius gelten die *Analekten* (*Lunyu*), zwischen ihm und seinen Schülern aufgezeichnete Gespräche. Den so überlieferten Diskussionen zufolge liebte er die Kultur, folgte Ernst und aufrichtig den Riten und zeigte sich anderen gegenüber aufmerksam und engagiert, nicht zuletzt gegenüber seinen Schülern: Der in den hier zitierten Zeilen erwähnte Zilu war einer seiner Lieblingsschüler. Obwohl er sich vielfach auch mit irdischen Fragestellungen auseinandersetzte, begriff er sich doch als Beauftragter des Himmels. Konfuzius war möglicherweise die einflussreichste Einzelperson des ostasiatischen Kulturkreises, seine Lehren üben noch heute großen Einfluss aus.

天地君親師

ETHISCHE GRUNDSÄTZE

Ein wichtiges Ziel der konfuzianischen Ethik ist die Bildung eines redlichen Gemeinwesens. In diesem Zusammenhang spielen *li* („Rituale") und *ren* („Mitmenschlichkeit") eine entscheidende Rolle. Dem Konfuzianismus zufolge sind alle Menschen menschlich zu behandeln, wenngleich innerhalb einer klar gegliederten Hierarchie. Die „kindliche Ergebenheit" ist ebenso eine zentrale konfuzianische Tugend wie ein dem Rang entsprechendes Verhalten. Die wichtigsten Beziehungen sind jene zwischen Eltern und Kindern, Ehemann und Ehefrau, älterem und jüngerem Bruder, Freund und Freund, Herrscher und Untertan. Eine geordnete, d. h. harmonische Gesellschaft kann nur dann existieren, wenn sich die Menschen selbst fortbilden und jeder seinen Aufgaben in angemessener Weise und mit besten Absichten zu genügen versucht.

LINKS: Dieser Druck aus dem 19. Jh. zeigt eine Hochzeitszeremonie, bei der Braut und Bräutigam vor einer Tafel knien, die „Himmel, Erde, Eltern und Lehrer" ehrt. Die Einheit der Familie stand im Mittelpunkt der Weitergabe konfuzianischer Wertvorstellungen.

Um moralische Integrität zu erreichen, bedarf es der stetigen Kultivierung der Persönlichkeit. Ein zentrales Moment der konfuzianischen Ethik ist das *li*, das „Leitprinzip aller großen und kleinen Dinge“ (*Analekten* 1,12), das man im Verhalten der Weisen des Altertums zu erkennen glaubte. Mit *li* sind nicht nur Sitten und Gebräuche gemeint, der Begriff umfasst auch das moralisch einwandfreie Handeln bzw. entsprechende Selbstdisziplin. Jede Form der Persönlichkeitsbildung trägt zur ethischen Vervollkommnung bei. Wer sich in den Künsten (*wen*) bildet, folgt dem Beispiel der Weisen, die ihrerseits Dichtung, Musik und Ritual inspirierten. In den Augen von Konfuzius sind jene, die z. B. ausgiebig die Literatur studieren und vom *li* „im Zaum gehalten“ werden, wahrhaft überlegene Menschen, die dem „Weg des Konfuzius“ folgen. Dementsprechend streben Konfuzianer danach, die schönen Künste zu beherrschen, weil eine solche Art der Bildung nicht nur von ästhetischem Bewusstsein zeugt, sondern auch von moralischer Festigung.

Das *li* liefert das Muster für angemessenes Handeln, das sich, einmal verinnerlicht, auch im zwischenmenschlichen Bereich bewährt. Das Handeln einer gebildeten, ausgereiften Persönlichkeit entspricht der Bedeutung des Begriffes *ren*, der in den *Analekten* am häufigsten verwendet wird. *Ren* meint demnach gegenseitige Liebe, Güte, Menschlichkeit, Mildtätigkeit, Großherzigkeit, Nächstenliebe. Die beiden Komponenten des entsprechenden Schriftzeichens bedeuten „Person" und „zwei", verweisen also auf das Verhältnis zwischen zwei Menschen. Gemeinsam bildet der durch *li* und *ren* konstituierte Bedeutungshorizont die Grundlage ethischen Verhaltens. Ein dem *ren* entsprechendes Handeln manifestiert sich nicht zuletzt in gegenseitigem Respekt. Hier sind die beiden Kardinaltugenden Gegenseitigkeit (*shu*) und Gewissenhaftigkeit (*zhong*) angesprochen. In der goldenen Regel des Konfuzius „Was du nicht willst, das man dir tu, das füg auch keinem andern zu" (*Analekten* 15,23) kommt das soziale Bewusstsein deutlich zum Ausdruck. Alles zwischenmenschliche Handeln wird aus der Sicht des anderen betrachtet. Dabei spielt die Gewissenhaftigkeit eine bedeutende Rolle, insofern sie die Grundlage angemessenen Handelns bildet.

Unstrittig ist für Konfuzius, dass sich alles Miteinander innerhalb von hierarchischen Strukturen zuträgt, die als naturgegeben gelten und ihm im Hinblick auf harmonische Verhältnisse als unentbehrlich erscheinen. Für die „Fünf Elementarbeziehungen" gilt, dass jede Beziehung in spezifischer Weise bestimmten Pflichten entspricht: Eltern etwa schulden ihren Kindern Erziehung und Sorge, diese wiederum schulden den Eltern Gehorsam, Achtung und Fürsorge im Alter. Das Verhältnis zwischen Eltern und

Kindern gilt als grundlegend, folglich stellt „kindliche Ergebenheit“ (*xiao*) das Fundament des gesellschaftlichen Systems dar. Ehepartner haben füreinander zu sorgen, wobei der Mann für den Schutz und den Unterhalt zuständig ist, während die Frau gehorsam den Haushalt führt. Der ältere Bruder trägt Verantwortung für die jüngeren Geschwister, die ihm ihrerseits Achtung schulden (die genealogisch bedingte Rangfolge kommt in den jeweiligen Verwandtschaftsbegriffen sehr klar zum Ausdruck). Die Beziehung zwischen Herrschern und Untertanen gleicht der zwischen Eltern und Kindern. Denn Herrscher haben für ihr Volk zu sorgen und es zu führen, während von den Untertanen Treue und Gehorsam erwartet wird. Unter Freunden wiederum ist Loyalität geboten, doch hat eine solche Beziehung weit gehende Gleichrangigkeit zur Vorraussetzung.

Obwohl also Gehorsam und Ehrerbietung von größter Bedeutung sind, besteht gleichzeitig die Pflicht, unethisches Verhalten abzulehnen. Allen Beziehungen ist gegenseitige Verantwortung gemeinsam. Tendenziell sind Beziehungen auf Dauer hin angelegt, dementsprechend sind das Wissen um die eigene Rolle innerhalb des jeweiligen Beziehungsgeflechts und das rollengerechte Verhalten für die gesellschaftliche Harmonie entscheidend.

Die konfuzianische Ethik ist insbesondere auch für den politischen Bereich von großer Bedeutung. Der Herrscher, seinerseits Souverän und Vaterfigur, hat als Vorbild Tugendhaftigkeit zu beweisen. „Der Herrscher muss sein wie der Wind und das Volk wie das Gras, das sich in jede Richtung neigt, in die es der Wind bläst“ (*Analekten* 12,19). Persönlichkeitsbildung, eine kulturbewusste Erziehung und eine dementsprechende Lebensführung erachtete man als unabdingbar für einen aufstrebenden Staatsdiener. Wer reüssieren wollte, hatte seine Prinzipienfestigkeit u.a. dadurch unter Beweis zu stellen, dass er den Kaiser zurechtwies, wenn dessen Herrschaft nicht tugendhaft war. Im Zweifel galt es als ehrenhafter, aus dem Staatsdienst auszuscheiden, als einem Despoten zu dienen: „Zeige dich, wenn der Weg im Reich obsiegt; wenn nicht, dann verstecke dich“ (*Analekten* 8,13). Nachdem die Mongolen China erobert und 1279 die Yuan-Dynastie gegründet hatten, zogen es viele Höflinge vor, sich „tugendhaft zur Ruhe zu setzen“, anstatt dem „barbarischen“ Fremdherrscher zu dienen.

Das Vertrauen in die Allgemeingültigkeit der konfuzianischen Sittenlehre wurde im 19. und 20. Jh. erschüttert, als westliche Ideen und westliche Technik nach China gelangten. Viele Chinesen hofften, der Konfuzianismus könne dennoch weiterhin die ethische Grundlage des Lebens in Ostasien bilden, während andere gerade ihn als Ursache ostasiatischer Schwäche ansahen und somit forderten, den Konfuzianismus zu überwinden. Manche setzten indessen darauf, konfuzianische Wertvorstellungen und westliche Technik miteinander zu verknüpfen, ganz nach dem Motto: „Chinesisches für die Substanz, Westliches für die Funktion.“

Diesem Grundsatz suchte man in den vergangenen hundert Jahren überall in Ostasien zu entsprechen. Die neue chinesische Republik entwarf im Jahr 1913 eine Verfassung, die sich für den Konfuzianismus als Grundlage moralischer Bildung und Erziehung aussprach. Unter Tschiang Kai-schek (Chiang Kai-shek) beispielsweise ließ man nichts unversucht, um die Bevölkerung der Republik China durch verschiedene Programme und Proklamationen auf konfuzianische Werte einzuschwören. Noch heute gibt es auf Taiwan und in Korea Gruppierungen, die für die konfuzianische Lehre und die Rückkehr zu „traditionellen Werten“ werben. Besonders bemerkenswert ist der Stadtstaat Singapur, der in seinen Schulen systematisch die konfuzianische Ethik lehrt, die die Regierung seit den 1980er-Jahren des vergangenen Jahrhunderts auf ihre Fahnen schrieb.

Die Leitlinien dieses Programms zeigen, wie viel Wert im Konfuzianismus auf Harmonie und das Wohl der Gruppe gelegt wird. Den entsprechenden Grundzügen nach gilt die Gemeinschaft mehr als der Einzelne, wird die Familie als Keimzelle der Gesellschaft gefasst

Der Deckel einer Keramikdose aus dem 16. Jh. zeigt einen Kreismagistraten bei der Verhandlung eines Falles. Als örtliche Vertreter der kaiserlichen Regierung waren die Magistrate bestens mit der konfuzianischen Lehre vertraut.

und die Notwendigkeit von Toleranz und Harmonie in einer religiös und ethnisch gemischten Gesellschaft betont. Das Programm, von höchster staatlicher Stelle ins Leben gerufen und gefördert, sollte der Stärkung des asiatischen Kulturerbes und dem Schutz vor den „Auswüchsen" und der „Sündhaftigkeit" der westlichen Kultur dienen.

Das große Lernen (*Daxue*)

„Die Dinge haben ihre Wurzeln und ihre Zweige (…) Anfang und Ende. Wenn man weiß, was zuerst und was zuletzt kommt, wird man sich dem Weg nähern. Die einst aller Welt Tugend kundzutun wünschten, regierten zuerst ihre eigenen Staaten; die ihre Staaten zu regieren wünschten, ordneten zuerst ihr Familienleben; die ihre Familien zu ordnen wünschten, kultivierten zuerst ihre Persönlichkeit; die ihre Persönlichkeit zu kultivieren wünschten, berichtigten zuerst ihre eigenen Herzen und Gemüter; die ihre eigenen Herzen und Gemüter zu berichtigen wünschten, läuterten zuerst ihre Gedanken; die ihre Gedanken zu läutern wünschten, erweiterten zuerst ihr Wissen. Die Erweiterung des Wissens ruht in der Erforschung der Dinge.

Wenn Dinge erforscht werden, wird das Wissen erweitert; wenn das Wissen erweitert wird, werden die Gedanken geläutert; wenn die Gedanken geläutert werden, werden Herz und Gemüt berichtigt; wenn Herz und Gemüt berichtigt werden, wird die Persönlichkeit kultiviert; wenn die Persönlichkeit kultiviert wird, wird das Familienleben geordnet; wenn das Familienleben geordnet wird, wird der Staat regiert; wenn der Staat regiert wird, herrscht Frieden in aller Welt."

Aus dem *Daxue*, nach der Übersetzung von Jennifer Oldstone-Moore

Kommentar

Der Text *Das große Lernen* (*Daxue*), ursprünglich ein Kapitel im *Buch der Riten*, einem der „Fünf Klassiker", zählt zu den Texten, die der neukonfuzianische Philosoph Zhu Xi für seine „Vier Bücher" auswählte (s. S. 34–37). Jeder Schüler musste sich damit auseinandersetzen. Im Mittelpunkt des Werkes stehen Persönlichkeitsbildung, Erziehung und das soziale Miteinander. Es fasst das konfuzianische Programm im Hinblick auf diese Punkte zusammen und übte einen großen Einfluss auf die Entwicklung der chinesischen Philosophie aus.

Das konfuzianische Programm zur Persönlichkeitsbildung umfasst acht Stufen, die jene zu bewältigen haben, die den Prinzipien des *ren* (Mitmenschlichkeit, s. S. 54–55) genügen wollen. Die darin beschlossene Arbeit an sich selbst führt letztendlich zur Befriedung „aller Dinge unter dem Himmel", wobei es unerlässlich ist, zwischen „Wurzeln und (…) Zweigen", „Anfang und Ende" und „zuerst und (…) zuletzt" unterscheiden zu können. Die relative Wichtigkeit von Dingen wahrzunehmen – etwa die spezifischen eigenen Obliegenheiten zu kennen, die von der Höflichkeit gegenüber Fremden bis zum Gehorsam gegenüber den Eltern reichen – wird als Herzstück dieses Unterfangens verstanden.

KAPITEL SECHS

HEILIGE ORTE

Im Konfuzianismus gibt es häufig keine klare Unterscheidung zwischen Heiligem und Profanem: Heiliges existiert überall in der Natur ebenso wie in Tempeln oder Schreinen. Speziell als heilig gekennzeichnete Räumlichkeiten unterschiedlichster Größe dienen dem Vollzug ritueller Handlungen.

Seit dem Untergang des traditionellen konfuzianisch organisierten Staates sind viele Tempel zerfallen bzw. werden nicht mehr genutzt. Einige blieben jedoch erhalten und wurden restauriert. Im Jahr 1988 weihte man mit großem Zeremoniell einen neuen konfuzianischen Tempel im Bezirk Andong in Korea ein. Bei diesem Anlass wurden Ritualtafeln von 18 chinesischen Schülern und 18 koreanischen Gelehrten aufstellt.

LINKS: Die Jadebrücke am Konfuziustempel in Qufu in der Provinz Shandong. Die Anlage, die ursprünglich 478 v. u. Z. errichtet und seither erheblich erweitert wurde, besteht aus Hunderten von Gebäuden, darunter auch das Grab des Konfuzius auf dem Friedhof der Familie Kong.

Konfuzianische Tempel sind Denkmäler, eher Menschen als Göttern gewidmet und der Erinnerung an Konfuzius und seine Schüler wie an andere verdiente Gelehrte verpflichtet. Dieser besondere Charakter der Tempel wird durch das Fehlen von Bildern und Statuen betont. Statt dessen sind vielfach auf Tafelinschriften neben dem Namen von Konfuzius die seiner Schüler und seiner berühmten Anhänger verzeichnet.

Traditionellerweise ehrten die Angehörigen der staatlichen Verwaltung Konfuzius zweimal im Jahr, jeweils zur Tagundnachtgleiche. Die wichtigste Opferung fand am Geburtstag des Konfuzius statt, der auch heute noch in konfuzianischen Tempeln gefeiert wird. Normalerweise fällt er auf den 28. September. Anlässlich der Feierlichkeiten kleidet man sich in altchinesische Tracht, tanzt, musiziert und opfert dem „Großen Weisen".

In der konfuzianischen Tempelarchitektur spiegelt sich die für den Kaiserpalast typische Architektur wieder. Die auf quadratischem Grundriss aufbauenden Tempel sind im Inneren symmetrisch ausgerichtet und sollen so das konfuzianische Denken veranschaulichen: Jede Wand stellt das genaue Spiegelbild der gegenüberliegenden dar. Die Tempel waren öffentliche Gebäude. Hier wurden beispielsweise die Ergebnisse der Beamtenprüfungen bekannt gegeben. Darüber hinaus dienten sie dem Unterricht.

Der erste konfuzianische Tempel wurde 478 v. u. Z. in Qufu in der heutigen Provinz Shandong errichtet, also bereits ein Jahr nach dem Tod des Konfuzius. Offizielle Opferungen an Konfuzius nahmen im Jahr 195 v. u. Z. ihren Anfang, als der Han-Kaiser in Qufu sein „Großes Opfer" brachte. Unter den Han avancierte der Konfuzianismus zur Staatsreligion. Gleich neben dem Tempel liegt das Gutshaus der Familie Kong, in dem seit den ersten vorchristlichen Jahrhunderten die direkten Nachfahren des Konfuzius lebten. Die Han hatten der Familie Lehen übertragen und einen Titel verliehen; auch spätere Dynastien unterstützten den Tempel und die Familie. Der Konfuziustempel und das Landgut der Kongs dominieren das heutige Qufu allein durch die Größe der Gebäude und das Ausmaß des Landbesitzes. Seit Beginn der Ming-Dynastie liegt das Amt des Bezirksmagistrats innerhalb des Gutsgeländes. Das einzige andere Wohngebäude Chinas, das ebenfalls amtlichen Zwecken diente, war der Kaiserpalast.

Des Weiteren errichtete man Schulen und Akademien, die Zentren der geistig-moralischen Erziehung, in denen Schülern und Studenten das Rüstzeug vermittelt wurde, „den Dingen auf den Grund zu gehen", wie es Zhu Xi ausgedrückt hatte. Hier versammelten sich konfuzianische Gelehrte und gedachten des „Großen Weisen". In Korea, China und Vietnam wurden staatlich geförderte

Jährliches Ritual zu Ehren des Konfuzius am Munmyo-Schrein in Seoul, dem Mittelpunkt des koreanischen Konfuzianismus

Schulen eingerichtet. Da in China der Zugang zu Bildungseinrichtungen weithin vom Wohlstand einer Familie abhing, förderten die meisten Dynastien begabte Studenten, wenn deren soziale Herkunft oder ungenügende finanzielle Mittel ihre Ausbildung sonst verhindert hätten. Die Lehrerschaft umfasste in aller Regel Männer, die eine klassische konfuzianische Erziehung genossen oder die Beamtenprüfung bestanden hatten, aber nicht in den

Staatsdienst eingetreten waren. In China und Korea fungierten vor Beginn der Neuzeit zahlreiche Akademien als Orte höherer Bildung. Hier setzten sich Gelehrte und ihre Schüler mit konfuzianischem Gedankengut auseinander und veröffentlichten die Ergebnisse ihrer Studien. Gelehrte, die einer Akademie angehörten, erhielten Unterkunft und Gehalt. Einige dieser Akademien bestehen noch heute: So organisiert die Sungkyunkwan-Universität in Korea, einst das konfuzianische Zentrum in Seoul, noch immer zweimal im Jahr Zusammenkünfte für Konfuzianer und kontrolliert auch heute noch die mehr als 200 konfuzianischen Schulen vor Ort.

Im Süden des Kaiserpalasts von Beijing liegt eine große Anlage, die zu den heiligsten Orten des chinesischen Kaiserreichs zählte: der Tempel des Himmels. Hier vollzog der Kaiser das jährliche Opfer zur Wintersonnenwende, wenn Yin seinen Höhepunkt erreicht hatte und Yang Wärme, Licht und Wachstum zurückbrachte. Als „Sohn des Himmels", damit einziger Mittelsmann zwischen Himmel (Tian) und Reich (Tian Xia, „alles unter dem Himmel"), konnte nur er als Garant der kosmischen Ordnung die entsprechenden Rituale vollziehen.

Der Tempel des Himmels war in jeder Hinsicht heilig, gewöhnliche Menschen durften nicht einmal der stillen Prozession des Kaisers und seines Hofstaats vom

Kaiserpalast hinüber zum Tempel zuschauen. Zur Wintersonnenwende opferte der Herrscher nicht nur Weihrauch, Jade, Seide und Wein, sondern auch einen roten Ochsen und warf sich neunmal vor dem „Altar des Himmels“ zu Boden.

Der eigene Wohnbereich spielt im Konfuzianismus eine bedeutende Rolle. Hier wächst der Mensch auf und empfängt die Grundlagen seiner Erziehung, wodurch er zu einem tauglichen Mitglied der Familie und der Gesellschaft wird. Der Altar, wo Götter und Geister ebenso wohnen wie die Ahnen der Familie, befindet sich normalerweise in dem am häufigsten genutzten Wohnraum. Aus Handbüchern, die alle vorzunehmenden Handlungen ausführlich beschreiben, erfährt man genau, wie die Ahnentäfelchen zu legen sind. Auf diesen Tafeln sind die Namen einzelner Vorfahren vermerkt, deren Geburts- und Todesdaten und häufig auch die Zahl ihrer Söhne. Nach drei bis fünf Generationen werden die Täfelchen zur Ahnenhalle gebracht, wo die Großfamilie ihnen regelmäßig opfert.

Der Konfuzianismus bekräftigt die Heiligkeit des Universums. Das menschliche Schicksal, das sich dadurch erfüllt, dass jeder die Rolle spielt, die ihm in der Gesellschaft zugeteilt wurde, ist ebenso Teil der kosmischen Ordnung wie jeder andere Aspekt der Natur. Menschliche

Tugenden spiegeln die Muster der Schöpfung wider: So assoziiert man etwa die Regelmäßigkeit der Knoten an einem Bambus mit menschlicher Beständigkeit. Bestimmten Merkmalen einer Landschaft schreibt man spirituelle Kräfte zu. In China symbolisiert beispielsweise der Taishan (Berg Tai), der wichtigste der fünf heiligen Berge, Stabilität im weitesten Sinne. Wer dem Volksglauben anhing, bat um erfolgreiche Saat bzw. ertragreiche Ernte. Hier fanden auch die seltenen *feng*- und *shan*-Opferungen statt, in deren Verlauf der Kaiser von Himmel und Erde Gunst für seine Dynastie erbat.

Dem konfuzianischen Denken zufolge zeigte sich in der Natur die Qualität des Verhältnisses zwischen dem Himmel und der Menschheit. Ob ein Kaiser Unterstützung von Seiten des Himmels erfuhr, ob er gut oder schlecht war und ob er seinen rituellen Verpflichtungen nachkam, erwies sich u.a. in den regelmäßigen und berechenbaren Bewegungen der Himmelskörper, in reichen Ernten und dem Bestand geordneter Verhältnisse. War der Himmel mit dem Kaiser unzufrieden, wurden Harmonie und Rhythmus der Welt gestört. Überschwemmungen, Erdbeben, Hungersnöte, Dürreperioden und Aufstände kündeten von der Unzufriedenheit des Himmels – und wenn sie anhielten, war die Ablösung einer Dynastie durchaus gerechtfertigt.

Die Nationalakademie

„Jeden Morgen bei Tagesanbruch, mit dem Schlagen einer Trommel, erwarten der Direktor und die Lehrer die Schüler im Schulhof (...) Die Schüler betreten den Saal, in dem die Vorlesungen und Diskussionen zu den Klassikern stattfinden. Sie lernen, denken nach, beraten sich und helfen sich gegenseitig, um zu einem umfassenden Verständnis der Beziehungen zu gelangen, die zwischen Herrscher und Minister, Vater und Sohn, Ehemann und Ehefrau, älterem Bruder und jüngerem Bruder sowie Freund und Freund herrschen. Tage- und monatelang arbeiten und ruhen sie gemeinsam als ein Körper, um sich zu schulen (...) Aus diesen Schülern gehen die loyalen Minister und ergebenen Söhne der Zukunft in reicher Zahl hervor, um dem Staat und ihren Familien zu dienen (...)

Weil der Lehren des Weisen viele sind, wenden einige Menschen ein, es gäbe keinen Grund, warum dieser Saal allein den Namen ‚Halle zur Illustration der Kardinalprinzipien' tragen solle. Jenen erwidere ich: Die Beziehungen zwischen Herrscher und Minister, Vater und Sohn, Ehemann und Ehefrau, älterem Bruder und jüngerem Bruder sowie Freund und Freund sind im himmlischen Prinzip verwurzelt und daher unveränderlich und immerwährend. Wie kann es eine wichtigere Lehre geben als diese?"

Aus: *Sinjûng Tongguk yôji sûngnam*, zitiert in: *Sourcebook of Korean Civilization*, Bd. 1, hrsg. v. Peter H. Lee, New York 1993, S. 523–524

Kommentar

Die konfuzianische Tradition zeichnet sich durch zwei Aspekte aus, die beide im hier zitierten Quellentext zum Ausdruck kommen: Dass das alltägliche Dasein heilig ist und dass die Sittenlehre sämtliche Bereiche der ostasiatischen Kultur und Gesellschaft betrifft.

Der Unterricht an der im 16. Jh. gegründeten koreanischen Nationalakademie folgte dem konfuzianischen Vorbild: Die „Fünf Elementarbeziehungen“ wurden als Grundlage aller geistig-moralischen Bildung betrachtet. Von den Lehrern erwartete man Strenge, glaubte man doch, das künftige Schicksal der Gesellschaft und des Staates liege in ihren Händen.

Der neukonfuzianische Gelehrte Zhu Xi (1130–1200) vertrat die Auffassung, da alle Menschen von Natur aus gleich seien, sollten auch alle eine angemessene Bildung erfahren. Zu diesem Zweck gab es eine Vielzahl von Schulen und Akademien, sowohl in privater als auch in öffentlicher Trägerschaft, von nationalen Universitäten bis hinunter zu einfachen Dorfschulen. Während der Choson- (oder Yi-)Periode (1392–1910) besaß Korea ein vorbildliches Bildungssystem. Bedienstete bei Hof hielten sogar „königliche Vorlesungen“, weil nach konfuzianischer Vorstellung niemand seinem Volk besser dienen könne als ein gebildeter und kultivierter Monarch.

KAPITEL SIEBEN

FESTE UND HEILIGE ZEITEN

Der hohe Stellenwert der Familie und der Gesellschaft in der konfuzianischen Tradition prägt Feste in China, Korea, Japan und Vietnam, bei denen oft gleichzeitig verschiedene Glaubensrichtungen ihren Einfluss geltend machen: Buddhismus, Taoismus, Shintoismus und einheimische Religionen. Der Konfuzianismus hat zu allen Zeiten die regionalen Feste geprägt. Historisch bedingt, umfasst der chinesische Kalender auch staatliche Feiertage, die offiziell mit der konfuzianischen Tradition verknüpft waren.

In der konfuzianischen Vorstellungswelt beruhen Glück und Erfolg auf der Fähigkeit, das Handeln auf die kosmischen Kräfte abzustimmen. Das Erkennen zeitlicher Abläufe ist deshalb eine unabdingbare Voraussetzung für rechtes Verhalten und Pflichterfüllung.

LINKS: Zum Qingming-Fest, das zwei Wochen nach der Frühjahrs-Tagundnachtgleiche stattfindet, werden Weihrauchopfer zu Ehren der Toten gebracht. Im Mittelpunkt des Festes stehen Familientreffen und die Erneuerung der Bande mit den Toten.

In China wird die Zeit nach einem komplizierten System berechnet, das Sonnen- und Mondkalender miteinander verknüpft (Lunisolarkalender). Diesem System liegt die alte Kosmologie von Yin und Yang zugrunde (s. S. 8–9), die im zunehmenden (Yang) und abnehmenden (Yin) Mond ebenso wie im Jahreszyklus von Wachstum und Verfall in der Landwirtschaft zum Ausdruck kommt. Der Mondkalender umfasst zwölf Monate, alle zwei bis drei Jahre werden Schaltmonate eingefügt. Das Sonnenjahr ist in 24 Perioden von rund 15 Tagen unterteilt, die man als „Knoten" oder „Stationen" (*jieqi*) bezeichnet. Diese Stationen entsprechen dem Muster der jahreszeitlichen Veränderungen im Hinblick auf Klima und Sonnenlauf am Firmament: Acht Stationen sind nach den Äquinoktien (Tagundnachtgleichen), Solstitien (Sonnenwenden) und den Anfängen der vier Jahreszeiten benannt, andere erinnern an landwirtschaftlich oder meteorologisch bedeutende Ereignisse und besitzen Namen wie „Erwachen der Insekten" (*jingzhe*, Anfang März), „Ende der Hitze" (*chushu*, Ende August) oder „Fallender Reif" (*shuangjiang*, Ende Oktober).

Die Jahre sind zu einem zwölf Jahre umfassenden Zyklus angeordnet, der nach den Zeichen des chinesischen Tierkreises benannt ist und seinerseits Teil eines Sechzig-Jahres-Zyklus ist, der nach den Tierkreiszeichen, den „Fünf Farben" (Blau, Rot, Gelb, Weiß und Schwarz), den „Zehn

Himmelsstämmen" (*tiangan*) und den „Zwölf Erdzweigen" (*dizhi*) unterteilt wird. Dabei ist jedes der „Zwölf Tierkreiszeichen" mit je einem Erdzweig verknüpft und jede der fünf Farben mit jeweils zwei Himmelsstämmen. So war 2000 beispielsweise das Jahr des weißen Drachens und 2012 wird das Jahr des schwarzen Drachens sein. Jeder dieser Zyklen beginnt mit dem Jahr der blauen Ratte (zuletzt 1984).

Im Jahresverlauf gibt es eine Reihe von Feiertagen, die in weiten Teilen des Landes gefeiert werden. Es wäre nicht ganz richtig, diese Feiertage als rein konfuzianisch zu bezeichnen, doch werden Stimmungen, Gefühle und Handlungen der Menschen während dieser Festlichkeiten vielfach von konfuzianischen Vorstellungen beherrscht. Gleichzeitig spielen religiös motivierte Zielsetzungen hier eine Rolle, etwa das Streben nach einem langen Leben, die Erlösung von der Hölle und der Schutz vor den Mächten des Bösen.

Der wichtigste Feiertag des chinesischen Kalenders ist das überall in Ostasien begangene Neujahrsfest, mit dem die Rückkehr des Yang gefeiert wird, nachdem das Yin zur Wintersonnenwende seinen Höhepunkt erreicht hatte. Dem Mondkalender folgend, fällt das Fest zwischen den 21. Januar und den 19. Februar. Zu diesem Fest kehren möglichst alle Familienmitglieder nach Hause zurück, man zahlt seine Schulden und legt Streitigkeiten bei. Dazu bereitet man der Jahreszeit entsprechende Mahlzeiten, reinigt das Haus gründlich vom Schmutz des Vorjahres und von „ungünstigen Luftzügen“ und schmückt es in der Glücksfarbe Rot sowie mit Schriftzeichen und Symbolen, die ebenfalls Glück bringen sollen. Am Vorabend des Neu-

Während ihres jährlichen Besuchs am Grab von Fu Xi beten Dorfbewohner an einem Hexagramm, dessen Original Chinas großer Ahnherr angeblich im Altertum entdeckt haben soll.

jahrsfestes (dem Pendant zum abendländischen Silvester) versammelt sich die gesamte Familie zum gemeinsamen Festessen. Dabei wird der Tisch auch für verstorbene Familienmitglieder gedeckt, die im Geiste anwesend sind. Nachdem die Türen hermetisch abgedichtet wurden, um das Eindringen böser Geister zu verhindern, verbringt die Familie die Nacht mit Gesprächen und Spielen, vermeidet dabei aber mit Bedacht alles nur irgend Negative. Um Mitternacht werden die Siegel an der Tür aufgebrochen, um den ersten Lufthauch des Frühlings ins Haus zu lassen. An den ersten beiden Tagen des neuen Jahres soll niemand arbeiten. In der letzten Nacht des insgesamt zwei Wochen dauernden Neujahrsfestes wird mit dem Laternenfest (*dengjie*) der erste Vollmond des neuen Jahres gefeiert.

Das „Hell-und-Klar"-Fest (*qingming*) folgt zwei Wochen nach der Frühjahrs-Tagundnachtgleiche. Im Idealfall versammelt sich die gesamte Familie an diesem Tag zu Grabpflege und Picknick. Dabei bringt man den Verstorbenen ihr Leibgericht, „Grabreis" und „Nudeln des langen Lebens", wodurch man sich den Segen der Ahnen für die Familie erhofft. Man serviert diese Mahlzeiten, als ob sie für ein lebendes Familienmitglied gedacht wären. Sobald die verstorbenen Vorfahren die „geistige Essenz" der Mahlzeit aufgenommen haben, essen die Nachkommen den Rest. An diesem Tag versucht eine Familie nach außen hin ihre Geschlossenheit zu demonstrieren und ihren Zusammenhalt zu stärken; gleichzeitig gedenkt man der Ahnen.

Andere weit verbreitete Feiertage sind das Drachenbootfest (*duanwujie*), das Geisterfest (*zhongyuanjie*) und das Mittherbstfest (*zhingqiujie*). Das Drachenbootfest fällt dem Mondkalender nach auf den 5. Mai, also in die Nähe der Sommersonnenwende, wenn die Yang-Kräfte ihren jährlichen Höhepunkt erreichen. Weil in dieser Jahreszeit häufig Seuchen auftraten, versuchte man die Familie zu schützen, indem man vorbeugend Kräuter und Gräser an die Türen hing und symbolisch von den „Fünf Giften" (Tausendfüßler, Schlange, Skorpion, Kröte und Eidechse) Gebrauch machte, um mit ihrer Hilfe Schaden abzuwenden. In dieser Jahreszeit sind auch die heftigsten Regenfälle zu verzeichnen und die Reissämlinge werden gepflanzt. Den Regen brachte man mit in den Wolken lebenden Drachen in Verbindung, die die Erde mit Fruchtbarkeit segneten.

Die berühmten Drachenbootrennen an diesem Tag gehen auf diesen Volksglauben zurück, erinnern aber auch an den Dichter Qu Yuan, einen pflichtbewussten Minister in der Zeit der Zhou-Dynastie: Nachdem dieser einige unpopuläre Ratschläge erteilt hatte, wurde er in die Verbannung geschickt, wo er sein berühmtestes Gedicht, *Lisao* („Begegnung mit dem Kummer"), verfasste. Gebrochenen Herzens stürzte er sich in den Fluss Miluo. Die Menschen dort eilten in Booten herbei, um ihn vor dem Ertrinken zu retten. Als ihnen dies nicht gelang, warfen sie Reis ins Wasser, damit die Fische den Reis und nicht die Leiche des Dichters fressen sollten. Die alljährlichen Bootsrennen erinnern an die Suche nach Qu Yuan, wobei der Reis heute in Form von klebrigen Reisbällchen ins Wasser geworfen wird, die in Bambusblätter eingewickelt sind.

Auch beim Geisterfest stehen die Verstorbenen im Mittelpunkt. Dieses Fest fällt dem Mondkalender zufolge auf den 15. Juli. Dem Volksglauben nach werden nämlich im siebten Monat die Tore der Hölle geöffnet: Um Gefahren abzuwenden, müssen die Geister mit Speiseopfern besänftigt werden. Allerdings speist man sie mit einfacher Nahrung ab, deren Zubereitung nur wenig Mühe kostet, während den Ahnen aufwändige Mahlzeiten geopfert werden.

Anlässlich des Mittherbstfestes, dem Mondkalender nach am 15. August, wenn Vollmond herrscht, trifft sich die ganze Familie und feiert den Mond und das Streben nach Unsterblichkeit. In der chinesischen Mythologie heißt es nämlich, dass auf dem Mond die Mondgöttin Chang E und ein Hase leben, der besondere Kräuter mahlt, um das „Elixier des ewigen Lebens“ herzustellen. Ihnen zu Ehren wird unter freiem Himmel ein Tisch mit „Mondkuchen“ und an den Mond erinnernden Früchten wie Orangen und Melonen aufgestellt.

Im Rahmen religiöser Feiern stehen in China im Allgemeinen die Familie bzw. die Gemeinschaft im Mittelpunkt. Neben Begräbnisfeiern sind Eheschließungen die wichtigsten Ereignisse für die Familie, wird doch so deren Fortbestand gesichert. Traditionell erfolgt die Eheschließung, indem sich das Brautpaar vor den Ahnentafeln der Familie des Bräutigams verbeugt und damit die Braut den Ahnen ihres künftigen Ehemannes vorstellt. Solche Bräuche halten die Verbindungen zwischen den Lebenden und den Toten aufrecht, dokumentieren angemessenes Verhalten der Kinder gegenüber den Eltern und sichern den Segen der Vorfahren für die Familie. Mitunter feiert man auch die Mündigkeit von Jungen und Mädchen, doch kam dem nie eine besonders große Bedeutung zu. Der 60. Geburtstag hingegen gilt als herausragendes Ereignis, weil man mit Vollendung des 60. Lebensjahrs einmal den vollständigen Sechzig-Jahre-Zyklus durchlaufen hat.

Feiern von ausgesprochen konfuzianischem Charakter lagen in der Verantwortung des Kaisers bzw. dessen Stellvertretern. Diese Zeremonien leiteten sich aus der chinesischen Antike her. Sie setzten nicht zuletzt staatliche Prosperität und Macht des Himmels zueinander in Beziehung, wenn der Kaiser anlässlich der Winter- und Sommersonnenwenden den großen himmlischen und irdischen Mächten opferte. Der Kaiser bildete den Dreh- und Angelpunkt zwischen Himmel, Erde und Menschen. Die zur rechten Zeit erfolgten Opferungen stellten sicher, dass Kosmos und Menschheit miteinander im Gleichgewicht blieben. Als Sohn des Himmels und der Erde kniete der Kaiser zum Zeichen der Ergebenheit im Namen aller seiner Untertanen vor diesen Mächten nieder und warf sich zu Boden. An *qingming* sicherte der Kaiser durch sein Opfer an die eigenen Ahnen, an die aller vergangenen Kaiser und an die Helden des Altertums den Fortbestand der Beziehung zu den kaiserlichen Vorgängern. Schließlich segnete er die Opfergaben, die halbjährlich in seinem Namen Konfuzius dargebracht wurden.

Allein der Kaiser besaß das Recht bzw. hatte die Pflicht, die großen kosmischen Mächte anzubeten – dagegen zu verstoßen galt als aufrührerischer Akt. Ebenso war die Gestaltung des Kalenders allein Sache des Kaisers. Eine wichtige Rolle kam in diesem Zusammenhang dem offiziellen Jahrbuch vorhergesagter Himmelserscheinungen zu. Es wurde vom „Amt für Astronomie“ herausgegeben, das wiederum dem „Ministerium für Riten“ unterstand. Dass der Kaiser im Voraus wusste, was sich im Jahresverlauf in astronomischer Hinsicht zutragen würde, galt als Bestätigung der Harmonie zwischen Kaiser und Himmel. Jedes unerwartete kosmische Ereignis hingegen konnte darauf verweisen, dass der Kaiser seine himmlische Vollmacht bald verlöre.

Ein Gebet zum Allerhöchsten, Shang Di

„Im Anfang herrschte einst großes Chaos, formlos und finster. Weder die fünf Elemente hatten begonnen, sich zu drehen, noch Sonne und Mond zu scheinen. Inmitten des Chaos gab es weder Form noch Laut. Du, oh geistiger Herrscher, kamst in Deiner Herrschaft hervor und teiltest erst die gröberen Teile von den feineren. Du schufst den Himmel. Du schufst die Erde. Du schufst den Menschen. Alle Dinge mit der Kraft sich zu vermehren, erhielten ihr Dasein (…) Du hast dich herabgelassen, oh Te (Shang Di), uns anzuhören, denn Du betrachtest uns wie ein Vater. Ich, Dein Kind, dumm und unverständig, bin unfähig, die Gefühle zu zeigen, die ich zeigen sollte. Ich danke Dir, dass Du die Botschaft angenommen hast. Ehrenwert ist Dein großer Name. Ehrfürchtig breiten wir diese Edelsteine und Seidentücher vor Dir aus, und wie die Schwalben jubeln im Sommer, so lobpreisen wir Deine übermäßige Liebe (…) Fleisch wurde in den großen Kesseln gekocht, und duftender Proviant wurde zubereitet. Genieße die Opfergabe, oh Te, und alle Menschen sollen glücklich sein. Ich, Dein Diener, der Deine Gnade erfährt, bin wahrhaft gesegnet.“

Aus: *The Notions of the Chinese Concerning Gods and Spirits*, nach der auszugsweisen Übersetzung von James Legge, Hongkong 1852, S. 28

Kommentar

Der ostasiatischen Kosmologie von Yin und Yang zufolge verläuft die Zeit eher zyklisch als linear. Die jährlichen Riten der Wintersonnenwende am Altar des Himmels stellten die Fortsetzung der Abläufe sicher. Da es sich um die höchsten Kulturhandlungen überhaupt handelte, hatte sich der Kaiser zuvor einem ausgiebigen Reinigungsritual zu unterwerfen. Nach ausführlichen Vorbereitungen begannen die Feierlichkeiten unter Einbeziehung des Hofstaats am Tag der Wintersonnenwende bereits vor Tagesanbruch.

Korrekte Zeitplanung war in rituellen Fragen unerlässlich. Verschiedene Abteilungen des „Ministeriums der Riten" bereiteten sorgfältig einen Ritualkalender vor, in dem Feiern und Glückstage vermerkt waren. (Almanache dieser Art sind in Ostasien noch heute im Gebrauch und unterrichten darüber, wann bestimmte Handlungen angebracht sind.)

Um sicherzustellen, dass alle zur rechten Zeit ihren rituellen Verpflichtungen nachkamen, wurde den Ämtern und Magistraten der Kalender zur Verfügung gestellt. Was den Kaiser betraf, so überschnitten sich in seiner Person und seinen Handlungen am Altar des Himmels zur Wintersonnenwende Zeit und Raum. So war gewährleistet, dass sich der kosmische Fluss von Yin und Yang reibungslos fortsetzte und die Yang-Kraft des Frühlings zurückkehrte.

KAPITEL ACHT

TOD UND JENSEITS

Die in Ostasien verbreitete Einstellung zum Tod spiegelt Vorstellungen aus allen in dieser Region vertretenen Traditionen wieder. Der Konfuzianismus beschäftigt sich nicht unmittelbar mit dem Glauben an ein Leben nach dem Tod – die Tugend der Ergebenheit erweist sich allerdings als überaus bedeutsam im Hinblick auf die Verantwortung der Lebenden für die Verstorbenen. Äußerungen von Konfuzius zeigen, dass er nur widerwillig Mutmaßungen über die Geisterwelt anstellte und sich lieber mit der Verantwortung der Menschen im Diesseits beschäftigte.

Zum Volksglauben jedoch gehören konfuzianische Riten, die nicht zuletzt in der Sorge um die verehrten Vorfahren wurzeln und der Beschwichtigung der Geister dienen. So zeigen sich konfuzianischer Idealismus und Volksglaube eng miteinander verbunden.

LINKS: Ein Ahnenporträt aus dem späten 17. oder frühen 18. Jh. Dem Volksglauben nach wachen die Ahnen über die Lebenden und schützen sie. Konfuzius hob die Bedeutung der Ahnenverehrung hervor und wies darauf hin, dass dieser Brauch den Zusammenhalt der Familie stärke.

Die Ahnenverehrung ist seit Jahrtausenden ein kennzeichnendes Merkmal ostasiatischer Kulturen und lässt sich bis in die Shang-Dynastie (um 1766–1050 v. u. Z.) zurückverfolgen. Die Shang gingen von einer engen Beziehung zwischen den Lebenden und den Toten aus. Riten waren von großer Bedeutung, weil sich mit ihnen die Kluft zwischen den beiden Reichen überbrücken ließ. Die entsprechenden Kulthandlungen wurden in der Zhou-Dynastie (1050–256 v. u. Z.) kodifiziert und gelten als Bestandteil des von Konfuzius so verehrten *li*.

Die frühen Konfuzianer dachten eher über Verpflichtungen gegenüber ihren verstorbenen Vorfahren nach, als dass sie sich mit dem Schicksal der Toten und der Art und Weise eines Lebens im Jenseits beschäftigten. Konfuzius betrachtete die Totenrituale als Ausdruck der Intensität und Ernsthaftigkeit der Liebe zu den Ahnen und wie alles dem *li* Zugehörige hatten auch sie persönlichkeitsbildende Wirkung.

Im frühen Konfuzianismus ging man zwar von einem Leben nach dem Tod aus, doch zeigen die wenigen Kommentare des Konfuzius zu diesem Thema, dass er ungern darüber sprach. Er war der Auffassung, man solle Geister respektieren, aber gleichzeitig mit beiden Beinen fest auf dem Boden des Diesseits bleiben und zum Wohle der Menschheit wirken. Wer den Vorfahren anderer Familien

Opfer brachte, wurde von Konfuzius kritisiert. In einem berühmten Abschnitt aus den *Analekten* fragt er: „Wenn wir nicht in der Lage sind, der Menschheit zu dienen, wie können wir dann den Geistern dienen? (...) Wenn wir das Leben nicht verstehen, wie können wir dann etwas über den Tod wissen?“ (11,11). Eine derartig distanzierte Haltung war typisch für die Einstellung der Elite gegenüber vielen im einfachen Volk verbreiteten Bräuchen und Glaubensvorstellungen.

Die Rituale selbst aber haben bis heute für alle Gläubigen höchste Bedeutung. Grundlegend sind die täglichen Riten am Altar der Familie, der in gewisser Hinsicht ihr Zentrum bildet und alle Generationen eint. An diesem Altar befinden sich auch die Ahnentäfelchen, von denen man glaubt, dass in ihnen die Geister der Verstorbenen anwesend sind. Auf den Täfelchen werden üblicherweise der Name, Geburts- und Todestag sowie die Zahl der Söhne vermerkt. Weil die Ahnen als nahe Angehörige der Familie gelten, setzt man sie auch von familiären Neuigkeiten in Kenntnis, etwa Geburten oder Todesfällen, Verlobungen, Reiseplänen oder geschäftlichen Vorhaben. Im Normalfall sind die Vorfahren des ältesten männlichen Familienmitglieds auf dem Altar vertreten, doch unter bestimmten Umständen kann man dort auch andere Personen antreffen. Wenn eine Familie keine Söhne hat, kann auch eine Tochter die Tafeln ihrer Familie auf dem Altar ihres Ehemannes aufstellen.

Die Tafeln umfassen etwa drei bis fünf Generationen der jeweiligen Familie. Zweimal täglich bringt man den Ahnen ein Weihrauchopfer dar. An Todestagen und besonderen Festen wie beispielsweise Neujahr opfert man Speisen und Getränke, Papierkleidung sowie „Geistergeld“, das eigens für diesen Zweck gekauft wird. Daneben erhalten die Ahnen Abbildungen von Autos, Häusern usw. – eben alles, was ihnen im Jenseits womöglich nützlich sein könnte. Man glaubt, die Toten nähmen die „Essenz“ der geopferten Speisen und Getränke in sich auf und überließen der Familie die übrig gebliebene bloße „Materie“. Die Abbildungen und das Geistergeld werden während des Rituals verbrannt, damit sie in Form des Rauchs zu den Ahnen aufsteigen können. Im Gegenzug segnen diese ihre Nachkommen und sorgen für Fruchtbarkeit, Glück und Harmonie.

Mit dem Tod einer Generation werden die ältesten Tafeln vom Altar entfernt und in eine Ahnenhalle gebracht, die sich mehrere Haushalte der gleichen Großfamilie teilen. Das Verhältnis gestaltet sich nun förmlicher und ist eher von Dankbarkeit gegenüber den Ahnen als von einer engen gefühlsmäßigen Bindung an den kürzlich Verstorbenen geprägt. Die notwendigen Informationen dazu,

Weihrauch und brennende Opfergaben vor dem Grab Fu Xis, des „Urvaters der Menschheit", in Zhoukou

wie korrekt mit der Verehrung der Ahnen umzugehen ist, sind in speziellen Handbüchern festgehalten. Die Vorstellungen, wie sich der Aufenthalt der Seelen in den Geistertäfelchen gestaltet, sind eher vage. Die Übergänge zwischen Leben und Tod gelten als fließend, denn die Diesseitigen und die Jenseitigen bestehen aus dem gleichen Stoff des Lebens (*qi*) in seinen Formen des Yin und Yang (s. S. 8–9).

Es ist im Konfuzianismus zwar nicht formell festgelegt, wie viele Seelen ein Mensch besitzt, doch seit dem

Altertum glaubt man in China, er besitze mindestens zwei: eine *hun*-Seele, die aus dem *Yang qi* besteht, und eine *po*-Seele, die aus dem *Yin qi* besteht. Zum Zeitpunkt des Todes verlässt die *hun*-Seele – der geistig-intellektuelle Teil – den Körper, steigt aufgrund ihres Yang-Wesens auf und lässt sich schließlich in den Ahnentafeln nieder. Die *po*-Seele hingegen sinkt als Yin-Energie in den Boden. Sie bleibt im Körper, sofern dieser rituell ordnungsgemäß bestattet wurde und die Seele durch Grabopfer beschwichtigt wird.

Die Ahnen sind in der Regel günstig gestimmte Familiengeister. Diejenigen allerdings, die nach ihrem Tod nicht richtig versorgt werden – aus Nachlässigkeit oder weil sie keine Nachkommen haben – sowie jene, die frühzeitig oder gewaltsam sterben, werden zu bösen Geistern, Banditen der Geisterwelt sozusagen. Sie gelten als gefährlich und müssen besänftigt werden. Wer nicht ordnungsgemäß bestattet wurde, wessen Tod unter ungeklärten Umständen eintrat oder wessen Geist nicht beschwichtigt wird – der entwickelt sich womöglich zum Bösen hin, denn all dies könnte verhindern, dass sich die *hun*-Seele in der Ahnentafel niederlässt und die *po*-Seele ins Grab hinabsteigt. Die Lebenden werden dann vom Geist des Verstorbenen so lange heimgesucht, bis sie die entsprechenden Maßnahmen ergriffen haben und der Geist endlich Ruhe finden kann.

Auf Grund des für Asien typischen Synkretismus wurden zuweilen widersprüchliche Vorstellungen miteinander verknüpft. So glaubt man einerseits, dass die *po*-Seele eines Verstorbenen in seinem Grab bleibt, andererseits aber auch, dass sie in die Unterwelt hinabsteigt, wo sie vom Richter der Hölle verurteilt und für ihre Sünden bestraft wird, bevor sie dann schließlich wieder ein neues Leben beginnt (Reinkarnation). Obwohl bereits im vorbuddhistischen China von einer Hölle die Rede ist, wurden die herrschenden Vorstellungen vom Schicksal der Seele nach dem Tod sehr stark vom Buddhismus geprägt. Der Glaube an das Karma (die Bilanz von Schuld und Verdienst einer Person), an den König der Hölle und die verschiedenen Ebenen der Bestrafung in der Hölle, in der die Sünder leiden, um ihre Karma-Bilanz auszugleichen, bevor sie wiedergeboren werden können – all diese Vorstellungen haben ihren Ursprung im Buddhismus.

Beim Betreten der Hölle werden die Seelen von den „Zehn Magistraten" gerichtet, die, in der Amtstracht der alten kaiserlichen Gerichtsbarkeit gekleidet, den „Zehn Tribunalen der Hölle" vorsitzen, von denen jedes für ein unterschiedliches Verbrechen zuständig ist. Die Familie kann das Verfahren in der Hölle durch Opfer, gute Taten oder die Rezitation buddhistischer Sutras beschleunigen. Himmel und Hölle stellt man sich als riesige Verwaltungsapparate vor, deren Beamten in Kleidung, Rolle und Verhalten Gegenstücke der konfuzianischen Beamten im Diesseits darstellen. In Geschichten wie der von Mulian werden buddhistische und konfuzianische Aspekte miteinander verknüpft: Als kinderloser Mönch hätte Mulian niemals dem konfuzianischen Idealbild entsprechen können – hätte er nicht seine „kindliche Ergebenheit" dadurch unter Beweis gestellt, dass er seine Mutter aus der Hölle befreite, was ihm nur aufgrund seiner außerordentlichen Leistungen in der buddhistischen Meditation möglich gewesen war. Dass konfuzianische Werte mit anderen Bräuchen vermischt werden, wenn es um die Beziehung zu den Toten geht, zeigt sich unter anderem darin, dass im Zweifel auch die Hilfe von Schamanen in Anspruch genommen wird. Wer beispielsweise der Meinung ist, unglückliche Vorfahren seien der Grund dafür, dass seine Familie vom Pech verfolgt wird, wendet sich an einen Schamanen, um die Verstorbenen von diesem irdischen Unheil zu unterrichten. Auch wenn die geistige Elite dergleichen in aller Regel ablehnte, ist die entsprechende Praxis überaus populär.

Obwohl von den kommunistischen Parteien missbilligt, halten die Menschen bis heute an den jeweiligen rituellen Vorstellungen fest. Folglich hängt alle kultische Praxis in den kommunistisch beherrschten Ländern

Ostasiens entscheidend vom aktuellen politischen Klima ab. Seit im 16. Jh. christliche Jesuiten erste Missionsstationen einrichteten, befassten sie sich mit der Frage, ob die Ahnenverehrung lediglich dem Andenken an die Verstorbenen diene oder ob es sich hier um eine Anbetung von Geistern handele.

Die katholische Kirche gestattete alle rituellen Handlungen, solange sie allein dem Totengedenken gewidmet sind. In den protestantischen Kirchen fallen die Regelungen unterschiedlich aus. Unabhängig von der offiziellen Haltung ihrer Glaubensgemeinschaft halten viele ostasiatische Christen an den überlieferten Bräuchen fest, bilden diese doch einen wichtigen Bestandteil ihrer Identität. Auch in Japan dokumentiert sich in der Ahnenverehrung konfuzianisches Denken, nicht anders als in Südkorea wo man in vielen Häusern Handbücher findet, in denen die ordnungsgemäße Durchführung der Rituale detailliert beschrieben wird.

Um die ausufernden Kosten der Ahnenverehrung in Grenzen zu halten, beschloss die südkoreanische Regierung 1980 „Richtlinien für Familienrituale". Trotz der gesetzlichen Regelung hat sich in der Praxis wenig geändert, schließlich dokumentiert die Ahnenverehrung auch wichtige Wertvorstellungen wie die „kindliche Ergebenheit" und den familiären Zusammenhalt.

Familienriten von Zhu Xi

„Wenn ein tugendhafter Mensch ein Haus baut, ist es stets seine höchste Pflicht, im Osten des Hauptzimmers seines Hauses einen Opfersaal einzurichten. Für diesen Saal werden für die Geistertafeln der Ahnen vier Altäre gefertigt. Verwandten aus Seitenlinien der Familie, die ohne Nachkommen starben, kann man gemäß der Generationenfolge Nebenopfer bringen. Opferfelder sollten hergerichtet und Opferutensilien bereitgestellt werden. Ist der Saal vollständig eingerichtet, betritt ihn der Meister allmorgendlich in der Frühe durch die äußere Pforte, um ihm einen Besuch abzustatten. Dort werden alle Ein- und Ausgänge gemeldet. Am Neujahrstag, an den Sonnenwenden und zu jedem Neu- und Vollmond werden Besuche abgestattet. Im Falle von Überschwemmung, Brand, Raubüberfall oder Einbruch ist der Opfersaal als erster Raum zu retten. Die Geistertafeln, geerbte Handschriften und anschließend die Opferutensilien sollten in Sicherheit gebracht werden. Erst danach dürfen die Wertsachen der Familie genommen werden. Wenn eine Generation die vorhergehende ersetzt, werden die Geistertafeln neu beschriftet und an ihren neuen Ort gebracht."

Aus: *Chu Hsi's Family Rituals*, nach der Übersetzung von Patricia Buckley Ebrey, Princeton, New York, 1991, S. 5

Kommentar

Klassische Bücher zur Ausübung der Riten, beispielsweise das *Buch der Riten*, wurden in der konfuzianischen Tradition geschätzt: In ihnen wurde die Weisheit der Ahnen festgehalten und gleichzeitig bildeten sie einen Leitfaden zum orthodoxen Verständnis der Rituale. In der Praxis gab es jedoch häufig Probleme, diesen Vorschriften genau zu folgen, weil sie noch aus dem Altertum stammten. Als der Gelehrte Zhu Xi im 12. Jh. erkannte, dass die Durchführung dieser Riten für die meisten Menschen zu kompliziert und zu teuer war, und weil er verhindern wollte, dass sich abweichende Formen herausbildeten, verfasste er das Handbuch *Familienriten*. Abweichungen wurden ausdrücklich missbilligt, um sicherzustellen, dass die wichtigsten Vorschriften korrekt befolgt wurden.

Zhu Xi erläutert die vier großen Familienrituale: Hochzeitszeremonien, Mündigkeitszeremonien, Trauer- und Bestattungsrituale sowie Ahnenkult. Fast die Hälfte des Textes ist den Bestattungsritualen gewidmet, der Bestattung selbst wie den komplizierten Ritualen, die dazu dienen, die Verstorbenen als zufriedene Ahnen ehren zu können. Zhu Xi entsprach mit seinem Handbuch einem Bedürfnis der Bevölkerung und der Text fand in Ostasien weite Verbreitung. In Korea bilden die Richtlinien noch heute die Grundlage der Ahnenverehrung.

KAPITEL NEUN

RELIGION UND GESELLSCHAFT

Der Konfuzianismus hatte prägenden Einfluss auf die gesellschaftlichen Normen Ostasiens. Obwohl in unterschiedliche Traditionen eingebettet bzw. durch historische wie geografische Gegebenheiten unterschiedlich akzentuiert, bestimmt konfuzianisches Gedankengut die Auffassung von Familie, Staat und Gesellschaft noch heute.

In den vergangenen 150 Jahren indessen musste sich der Konfuzianismus bis dahin ungekannten Herausforderungen stellen. Gesellschaftliche Umwälzungen und westliche Einflüsse haben seine Bedeutung für die heutige Welt deutlich relativiert. Einige betrachten das Ende der konfuzianisch orientierten Staaten als Ende des Konfuzianismus überhaupt, während andere der Ansicht sind, dass konfuzianische Traditionen dauerhaft fortbestehen werden.

LINKS: Die drei wichtigsten Persönlichkeiten der religiösen und philosophischen Traditionen Ostasiens treffen auf diesem chinesischen Gemälde aus dem 18. Jh. zusammen. Konfuzius (rechts) hält den kleinen Buddha im Arm und der taoistische Weise Lao-tzu schaut zu.

Der Konfuzianismus hat die Kulturen und Gesellschaften Ostasiens in einem solchen Ausmaß geprägt, dass viele ursprünglich auf konfuzianischen Vorstellungen beruhende Haltungen gar nicht mehr als solche erkannt werden. In den ostasiatischen Religionen vermischen sich ohnehin zahlreiche Traditionen und doch ist unstrittig, dass der Konfuzianismus in vielerlei Hinsicht eine dominierende Stellung einnahm: Dies gilt insbesondere für Sozialisation, Gesellschaftsstruktur und die Ideale der Staatsführung sowie ihre Umsetzung.

Gemäß der konfuzianischen Ethik kommt der Beziehung zwischen Eltern und Kindern die größte gesellschaftliche Bedeutung zu. Traditionell schuldeten Kinder ihren Eltern absolute Treue und uneingeschränkten Gehorsam. Im chinesischen Recht spiegelte sich diese Auffassung: So war es beispielsweise dem Vater gestattet, sein ungehorsames Kind zu töten, und der Sohn konnte zum Tode verurteilt werden, wenn er seinen Vater schlug. Von den Kindern wurde u.a. erwartet, dass sie ihrerseits später für die Eltern sorgten, den Fortbestand der Familie durch zahlreiche Nachkommen sicherten und den Ahnenkult fortführten.

Der Konfuzianismus lieferte darüber hinaus die geistige Grundlage für eine autoritäre, hierarchisch aufgebaute Gesellschaft, in der insbesondere die Männer umfangreiche

Privilegien genossen. Jedem Mitglied der Familie bzw. der Gesellschaft fiel eine konkrete Rolle zu. Im chinesischen Weltbild verkörperten Frauen die Energie des Yin und waren daher passive Ernährer und Erzieher – im Gegensatz zum dynamischen Yang der Männer (s. S. 8–9). Diesem Schema gemäß hatten sich Frauen den Männern unterzuordnen. Es galt als selbstverständlich, dass sie als Mädchen den Vätern, als Frauen den Ehemännern und als Witwen den Söhnen gehorchten. Darüber hinaus sollte eine verheiratete Frau den Schwiegereltern gegenüber, mit denen das Paar oft unter einem Dach lebte, „kindliche Ergebenheit" beweisen.

Der Einfluss des Konfuzianismus auf die Gesellschaft war nicht zuletzt im Politischen immens. Der chinesische Kaiser verfügte nach allgemeiner Auffassung über eine „Vollmacht des Himmels" (s. S. 13): der Himmel übertrug sein Mandat einem tugendhaften und fähigen Herrscher, der dem Volk Nutzen und „allen Dingen unter dem Himmel" Frieden brachte. Die Kaiser trugen deshalb den Titel „Sohn des Himmels" und brachten ihre Ergebenheit und ihren Gehorsam gegenüber den Ahnen, dem Himmel und der Erde durch rituelle Handlungen zum Ausdruck. Konfuzianisch gebildete Staatsdiener standen dem Kaiser zur Seite, wobei man davon ausging, dass die hierarchisch organisierte Bürokratie dem göttlichen Willen genüge.

Die Beijingoper (Pekingoper), eine der komplexesten Kunstformen innerhalb der chinesischen Kultur, greift auch Lektionen aus der konfuzianischen Sittenlehre auf.

Konfuzius wurde als herausragender Lehrer verehrt und seine Nachfolger und Anhänger setzten Erziehung und Bildung an die erste Stelle. Selbst die Ärmsten der Armen waren bestrebt, ihren Söhnen eine Ausbildung zu ermöglichen, damit diese im Idealfall später die Prüfungen für den Staatsdienst bestehen und ihrer Familie dadurch zu Ansehen und Einfluss verhelfen würden.

Nachdem der Konfuzianismus über zwei Jahrtausende lang als geistiges Fundament für Ethik und politisches Leben gedient hatte, geriet er im Zuge der Entwicklungen immer mehr in die Kritik, sah man in ihm doch die Ursache für die politische und militärische Schwäche Chinas. Nichtsdestoweniger versuchte man den Konfuzianismus nach den Erfordernissen der Moderne zu modifizieren, Taiwan, Hongkong und Singapur bilden zeitgenössische Beispiele, nicht weniger als viele chinesische Gemeinden im Ausland. Dies gilt mit gewissen Einschränkungen auch für die kommunistisch orientierte Volksrepublik China. Obwohl die chinesische Regierung den Konfuzianismus immer wieder diskreditiert, erweist sich deren offizielle Rhetorik bei genauerem Hinsehen als durchaus konfuzianisch geprägt. Inzwischen erfährt der Konfuzianismus mitunter auch offizielle Anerkennung. Wenngleich familiärer Zusammenhalt und das Verhältnis zwischen Kindern und Eltern weithin von großer Bedeutung sind, hat die Intensität mit der entsprechende Haltungen vertreten werden, doch nachgelassen. Dies ist u.a. auf die von Mao Zedong vorangetriebene Kulturrevolution (1966–1976) zurückzuführen, als die Werte der Elterngeneration als „feudal" und „konterrevolutionär" verurteilt wurden. Doch selbst in der offiziell egalitären Volksrepublik werden Söhne gegenüber Töchtern bevorzugt. Und gerade die Bevölkerungspolitik der Kommunisten, die Paaren nur ein einziges Kind gestattet, hat zu einer Vielzahl von Methoden geführt, mit denen Eltern sicherzustellen versuchen, dass dieses eine Kind ein Junge wird.

Gänzlich anders entwickelten sich die Verhältnisse in Korea, denn trotz des Untergangs der konfuzianisch orientierten Choson-Dynastie im Jahr 1910 ist das Erbe des Konfuzianismus im südkoreanischen Alltag auch heute noch höchst lebendig. Begriffe wie Loyalität und Pflichtbewusstsein haben große Bedeutung und man ist bereit, persönliche Opfer zum Wohle des Staates zu bringen. Die Scheidungsrate ist bemerkenswert niedrig und noch immer orientieren sich die Familien an der männlichen Linie und streben männliche Stammhalter an. Der Ahnenkult ist weit verbreitet und der überwiegende Teil der Bevölkerung pflegt die konfuzianischen Bräuche. Zudem existieren in Korea eine Vielzahl bedeutender konfuzianischer Gemeinschaften, vom örtlichen Konfuziustempel bis hin zur Sungkyunkwan-Universität in Seoul, während Gruppen wie *Yurim* („konfuzianischer Wald“) die entsprechenden Lehren propagieren. Auch Vietnam, das in seiner Geschichte immer wieder von China dominiert wurde, folgte über viele Jahrhunderte hinweg dem konfuzianischen Modell, ohne allerdings kulturelle Eigenheiten gänzlich aufzugeben. Unter der französischen Kolonialherrschaft und der späteren kommunistischen Regierung verlor der Konfuzianismus seine staatstragende Funktion. Im menschlichen Miteinander allerdings blieb seine fundamentale Bedeutung zunächst erhalten. Seit den Kriegen in Vietnam und der massenhaften Auswanderung in den Folgejahren haben sich die Erfahrungen von Angehörigen verschiedener Generationen jedoch mehr und mehr voneinander entfernt.

In Japan war der Konfuzianismus eher im Verborgenen wirksam, denn die Japaner adaptierten diese Denkschule im 6. Jh. gemeinsam mit vielen weiteren Aspekten der chinesischen Kultur. Der Konfuzianismus diente der Rechtfertigung des zentralistisch organisierten Staates und der damit einhergehenden Gesellschaftsstruktur. Eine bewusste Lebenseinstellung verband sich indessen nicht damit. Im Verlauf des 17. Jh. und später dann im 19. Jh. erfuhr der Konfuzianismus zwar eine gewisse Blüte, hatte aber letztendlich nur eine systemstabilisierende Funktion. In der Zeit unmittelbar vor und während des Zweiten Weltkriegs verknüpfte man konfuzianische Gedanken mit bestimmten Aspekten des Shintoismus, um so die Treue des Volkes zum Kaiserhaus zu stärken. In heutiger Zeit dokumentieren sich konfuzianisch inspirierte Einstellungen u. a. im Zusammenhang mit beruflicher Karriere und Familienleben.

Anweisungen für die inneren Quartiere der Kaiserin Xu

„Anständig und bescheiden zu sein, reserviert und still, korrekt und würdevoll, ernsthaft und ehrlich – dies gebührt einer Frau. Ergeben und respektvoll zu sein, menschlich und scharfsinnig, liebenswert und herzlich, demütig und sanft – darin zeigt sich die vollständige Entwicklung ihrer Sittsamkeit. Diese Sittsamkeit, die uns von Natur aus innewohnt, wird durch Übung gewandelt und erfüllt. Sie kommt nicht von außen, sondern ist in Wahrheit tief in uns verwurzelt (...) Die Anhäufung kleiner Fehler kann der eigenen Tugend schweren Schaden zufügen. Deshalb kann ein großes Haus einstürzen, wenn die Fundamente nicht fest sind. Wenn das Ich nicht im Zaum gehalten wird, leidet die Sittsamkeit unter Unzulänglichkeiten.

Wunderschöne, makellose Jade kann man zu wertvollen Schmuckstücken verarbeiten. Eine anständige Frau mit reinem Charakter kann zur Ehefrau in einer großen Familie gemacht werden. Wenn du dein Handeln ständig auf seine Richtigkeit prüfst, kannst du zu einer vorbildlichen Mutter werden. Wenn du hart arbeitest und genügsam bist, ohne auch nur einen Hauch von Missgunst zu zeigen, dann bist du geeignet, als Vorbild für die Quartiere der Frauen zu dienen."

Aus: *Neixun* („Anweisungen für die inneren Quartiere"), zitiert nach: *Sources of Chinese Tradition*, Bd. 1, zusammengestellt von William Theodore de Bary und Irene Bloom, New York 1999, S. 834–835

Kommentar

In der konfuzianischen Gesellschaft begriff man Frauen als Yin und hielt sie deshalb für passiv und nachgiebig. Dennoch spielten sie in der Familie eine entscheidende Rolle: Sie waren für die frühkindliche Erziehung zuständig, versorgten die Kinder und wiesen die Männer zurecht, wenn diese irrten. Viele bedeutende Personen der chinesischen Geschichte verdankten den weiblichen Mitgliedern ihrer Familien unendlich viel. Ein berühmtes Beispiel ist die Mutter des Menzius, die dreimal mit ihrem Sohn umzog, um sicherzustellen, dass er in einem Umfeld aufwuchs, das ihm geistig zuträglich war.

Viele Handbücher für die so genannten „inneren Quartiere" wurden von vielseitig gebildeten Frauen verfasst. Sie enthielten Ratschläge, wie man dem „weiblichen Weg" folgen sollte: den Ahnen Opfer bringen, für die Schwiegereltern sorgen und Kinder zur Welt bringen. In den *Anweisungen für die inneren Quartiere* (während der Ming-Dynastie von Kaiserin Xu geschrieben) werden die konfuzianischen Lehren bekräftigt, denen zufolge der eigene Charakter zu bilden ist, um letztendlich Ordnung in die Welt zu bringen. Die Verfasserin beschreibt deshalb nicht nur die häuslichen Pflichten der Frau, sondern auch Methoden zur Persönlichkeitsbildung, die wiederum zum Wohl der Allgemeinheit beitragen.

GLOSSAR

Chunqiu *Frühlings- und Herbstannalen*, einer der „Fünf Klassiker".

Dong Zhongshu Konfuzianischer Staatsmann und Philosoph, 2. Jh. v. u. Z. (Han-Dynastie).

Kongzi, Kong Fuzi Meister Kong, latinisiert: Konfuzius.

li 1. Ritual, Zeremonie 2. Prinzip, das der Welt und allen Dingen darin zugrunde liegt. (Die Schriftzeichen für die beiden Bedeutungen sind unterschiedlich.)

Li Ji *Buch der Riten*, einer der „Fünf Klassiker".

Mengzi Der wichtigste Ru-Philosoph des 4. Jh. v. u. Z., interpretierte die Ideen des Konfuzius.

Neokonfuzianismus Wiederbelebung des Konfuzianismus in der Song-Dynastie, die auch Elemente aus Taoismus und Buddhismus übernahm.

qi Materie des Lebens, der Stoff, aus dem alle Dinge bestehen.

ren Güte, Nächstenliebe, Mitmenschlichkeit, Großherzigkeit: eine der fünf Kardinaltugenden, die höchste Tugend eines überlegenen Menschen (*junzi*).

Ru Die von Konfuzius gegründete Philosophieschule; auch: konfuzianischer Gelehrter – abgeleitet von *ru*, „schwach", „nachgiebig".

Shi Jing *Buch der Lieder*, einer der „Fünf Klassiker".

shu Wechselseitigkeit, Gegenseitigkeit: eine der fünf Kardinaltugenden, eng mit der Vorstellung von *ren* verbunden.

Shu Jing *Buch der Urkunden*, einer der „Fünf Klassiker".

Taiji Das allumfassende *li* des Universums, das „Große Ganze".

Tian „Himmel"; man glaubte, die Kaiser besäßen ein „Himmlisches Mandat" (Vollmacht).

xiao „Kindliche Ergebenheit", „kindliche Pietät"; Eckpfeiler der familiären und damit der gesellschaftlichen Ordnung.

Xunzi Bedeutender Ru-Philosoph aus dem 3. Jh. v. u. Z.

yang Die Seite des *qi*, die Licht, Männlichkeit und Bewegung verkörpert.

yi Rechtschaffenheit, Ehre, Treue: eine der fünf Kardinaltugenden.

yin Die Seite des *qi*, die Dunkelheit, Weiblichkeit und Stillstand verkörpert.

Yi Jing *Buch der Wandlungen*, einer der „Fünf Klassiker".

zhong Aufrichtigkeit, Gewissenhaftigkeit: eine der fünf Kardinaltugenden; die Empfindung, aus der Gegenseitigkeit (*shu*) erwächst.

BIBLIOGRAFIE

Birrell, Anne: *Chinese Mythology: An Introduction*, Baltimore: Johns Hopkins University Press, 1993

Chan, Wing-tsit: *A Source Book in Chinese Philosophy*, Princeton: Princeton University Press, 1963

Chu Hsi: *Learning to be a Sage*, Berkeley: University of California Press, 1990

Confucius: *The Analects*, (übersetzt v. D.C. Lau) New York: Viking, 1979

De Bary, William Theodore u.a. (Hg.): *Sources of Chinese Tradition*, Bd. 1 und 2, 2. Aufl., New York: Columbia University Press, 1999

Fingarette, Herbert: *Confucius: The Sacred as Secular*, New York: Harper & Row, 1972

Forke, Alfred: *Geschichte der alten chinesischen Philosophie*, Hamburg: Cram de Gryter & Co., 1964

Graham, A.C.: *Disputers of the Tao*, LaSalle, Illinois: Open Court Publishing Company, 1989

Jordan, David: *Gods, Ghosts, and Ancestors. The Folk Religion of a Taiwanese Village*, Berkeley: University of California Press, 1972

Martin, Emily: *The Cult of the Dead in a Chinese Village*, Stanford: Stanford University Press, 1973

Mencius: *The Mencius*, (übersetzt von D.C. Lau) Harmondsworth: Penguin, 1970

Overmyer, Daniel L: *Religions of China. The World as a Living System*, San Francisco: Harper & Row, 1986

Overmyer, Daniel L.; Cohen, Alvin P. ; Girardot, N.J. und Wing-tsit Chan: „Chinese Religions“, in *The Encyclopedia of Religion* (hrsg. v. Mircea Eliade), Bd. 3., S. 257–323, New York: Macmillan, 1987

Paper, Jordan und Thompson, Laurence: *The Chinese Way in Religion*, 2. Aufl., Belmont (Kalifornien): Wadsworth, 1998

Pound, Ezra: *The Classical Anthology Defined by Confucius (The* Shi Jing *or Book of Songs)*, Cambridge (Massachusetts): Harvard University Press, 1954

Roetz, Heiner: *Konfuzius*, München: C.H. Beck, 1995

Stepanchuk, Carol und Wong, Charles: *Mooncakes and Hungry Ghosts. Festivals of China*, San Francisco: China Books and Periodicals, 1991

Thompson, Laurence: *Chinese Religion. An Introduction*, 5. Aufl., Belmont (Kalifornien): Wadsworth, 1998

Waley, Arthur: *The Analects of Confucius*, London: George Allen and Unwin, 1938

Waley, Arthur: *The Book of Songs*, Boston, New York: Houghton Miflin, 1937

Waley, Arthur: *Three Ways of Thought in Ancient China*, London: George Allen and Unwin, 1939

Wilhelm, Richard (Hg.): *I Ging*, übersetzt von Richard Wilhelm, 26. Aufl., München: Diederichs, 2001

REGISTER

A

B

C

D

E

F

DANKSAGUNG UND BILDNACHWEIS

Für den Abdruck der folgenden Textauszüge danken wir:

Aspekte des Göttlichen, S. 30: aus *A Source Book in Chinese Philosophy* von Wing-tsit Chan, Princeton University Press: Princeton 1963, S. 497–498

Heilige Orte, S. 70: aus *Sourcebook of Korean Civilization*, Bd. 1, hrsg. v. Peter H. Lee, Columbia University Press: New York 1993, S. 523–524

Tod und Jenseits, S. 94: aus *Chu Hsi's Family Rituals*, nach der Übersetzung von Patricia Buckley Ebrey, Princeton University Press: Princeton, 1991, S. 5

Religion und Gesellschaft, S. 104: aus *Sources of Chinese Tradition,* Bd. 1, zusammengestellt von William Theodore de Bary und Irene Bloom, Columbia University Press: New York 1999, S. 834–835

Der Verlag dankt den folgenden Personen, Museen und Archiven für die erteilten Reproduktionsgenehmigungen:

Seite 2 Hutchison Library, London/ Trevor Page; 7 British Museum, London; 10 British Museum, London; 16 Bridgeman Art Library, London/Bibliothèque Nationale, Paris; 24 Bridgeman Art Library, London/Privatsammlung; 28 Corbis/Dean Conger; 32 Art Archive, London/Bibliotheque Nationale, Paris; 38 DBP; 42 DBP/ John Chinnery; 46 DBP/John Chinnery; 52 Art Archive, London/ Victoria & Albert Museum, London; 59 Art Archive, London/ British Museum, London; 62 Hutchison Library, London; 66 Hutchison Library, London/ Michael Macintyre; 72 Corbis/ Mike Yamashita; 76 Panos Pictures, London/Mark Henley; 84 Bridgeman Art Library, London/ Private Collection; 89 Panos Pictures, London/Mark Henley; 96 Art Archive, London/British Museum, London; 100 Hutchison Library, London/Michael Macintyre